酒店综合实务

主　编　王巽风　陈　洁

副主编　谢海燕　张亚男

　　　　李　丽　苏晓飞

光明日报出版社

图书在版编目（CIP）数据

酒店综合实务 / 王巽风，陈洁主编 . -- 北京：光
明日报出版社，2023.7
ISBN 978 - 7 - 5194 - 7354 - 9

Ⅰ.①酒… Ⅱ.①王… ②陈… Ⅲ.①饭店—经营管
理 Ⅳ.①F719.2

中国国家版本馆 CIP 数据核字（2023）第 127119 号

酒店综合实务
JIUDIAN ZONGHE SHIWU

主　　编：王巽风　陈　洁	
责任编辑：刘兴华	责任校对：宋　悦　李佳莹
封面设计：中联华文	责任印制：曹　净

出版发行：光明日报出版社
地　　址：北京市西城区永安路 106 号，100050
电　　话：010-63169890（咨询），010-63131930（邮购）
传　　真：010-63131930
网　　址：http：// book. gmw. cn
E - mail：gmrbcbs@ gmw. cn
法律顾问：北京市兰台律师事务所龚柳方律师

印　　刷：三河市华东印刷有限公司
装　　订：三河市华东印刷有限公司

本书如有破损、缺页、装订错误，请与本社联系调换，电话：010-63131930

开　　本：170mm×240mm			
字　　数：296 千字		印　　张：17.5	
版　　次：2024 年 1 月第 1 版		印　　次：2024 年 1 月第 1 次印刷	
书　　号：ISBN 978 - 7 - 5194 - 7354 - 9			
定　　价：78.00 元			

前　言

旅游业的三大支柱是旅行社、旅游交通、旅游饭店，旅游饭店已经成为旅游业最重要的一个行业，一个国家或地区旅游饭店业的规模、管理水平和服务质量成为衡量其旅游业发展程度的主要标志。旅游的六大要素是食、住、行、游、购、娱，旅游饭店能满足游客餐饮和住宿的基本需求，而作为饭店的服务人员其服务水平的好坏直接影响旅游者的心情以及异地旅游体验，进而形成对当地旅游的整体印象。而饭店对客部门主要包括前厅、餐饮和客房三个部门，所以我们将餐饮、客房、前厅实务进行内容整合，将全书分为职业素养、核心技能、实务规范、相关知识等四个篇章，结合酒店从业人员所需要具备的岗位认知、素质要求、核心技能、操作规范、相关知识等进行编写，为职业院校旅游专业学生更好地学习、参赛以及更好就业打下基础。

本教材具有以下几个特点：一是综合性强，注重综合职业能力和综合素质的培养，要解决专业的定向性与未来职业（岗位）的不确定性的矛盾，学生唯有在学习专业知识的基础上，掌握更多技能，增强就业适应能力，才能成为"一专多能"的复合型人才。按照旅游者接触的前厅、餐饮、客房三个部门，以项目为纲，经任务为目的，形成结构体系。全书共分为十二个项目，每个项目有任务引入、任务分析、知识链接、考核评价组成；二是本教材实用性强，集教师用书、学生用书、从业人员岗位实训指导、全国职业院校酒店项目比赛参赛指导于一体，可操作性、可参考性较强。三是灵活性较强，根据老师、学生、从业人员、参赛选手所掌握的情况有选择性地进行学习。四是图文并茂，通过大量图片呈现操作要领，增强了直观性，有助力于学生理解所学内容。

本书由王巽风和陈洁负责编写，王巽风负责项目一、二、三、四、八、十、十一、十二的编写，陈洁负责项目四、五、六、七、九的编写。此外，尚义县职业技术教育中心张亚男老师参与编写了职业素养篇的项目一、项目二的部分内容，崇礼区职业技术教育中心谢海燕老师参与编写相关知识篇的项目九、项目十一的部分内容，石家庄第二十三中学李丽老师参与编写项目十一、项目十二的部分内容，张家口市职业技术教育中心侯雅男老师和岑慧老师参与项目八和项目七内容的编写，此书由王巽风主审并做最后统稿。在全书编写过程中，我们参考、引用了许多优秀教材、著作、大赛规程、网络资料，由于不方便一一列举，在此向相关作者表示歉意和谢意。同时也感谢张家口国际大酒店餐饮部王建宇经理、出版社的各位领导以及编辑给予本书的帮助。当然，由于水平有限，本书难免有不当或不足之处，恳请专家、同行、读者批评指正。

王巽风

2023 年 3 月

目 录
CONTENTS

实务规范篇

相关知识篇

岗位认知篇

项目一　走入职场

【学习目标】

1. 理解酒店常见餐饮服务设施及服务项目；

2. 熟悉客房部的整体情况，包括客房的产品概念、组织机构和客房的种类；

3. 了解前厅部的组织机构、工作环境、总台设计、前厅设备；

4. 掌握酒店房价计算和计价方式。

任务一　认识餐饮部门

【任务引入】

张菲菲初中毕业到职业学校选择酒店服务管理专业，很多人的观念觉得学习酒店专业今后没什么发展，工作主要是端盘子，工作性质是客人吃着你看着，客人坐着你站着，通过学习张菲菲重新认识了这个专业，决定今后当一名优秀的管理者。

【任务分析】

对于酒店从业者个别人存在一定的认知错误，甚至把端盘子当成了一种职业的代名词，酒店服务业的发展是旅游业发展的产物，是满足游客旅游体验的重要环节，中餐厅的类型都有哪些？作为一名餐饮从业人员应该具备哪些素质？应掌握哪些礼节礼貌？

【知识链接】

餐饮业，是充分利用餐饮设施为客人提供餐饮实物产品和餐饮服务的生产经营性行业。其发展水平不仅反映着一个国家和地区的经济发展水平及开发和利用自然资源方面的能力，而且也是一个国家物质文明和精神文明的重要标志。

一、餐厅的概念

餐厅或餐馆（restaurant），是通过出售菜肴、酒水及提供相关服务来满足客人饮食需求的场所。

餐厅具体的概念是：

1. 具备一定的场所，即具有一定接待能力的餐饮空间和设施。

2. 能够为客人提供菜肴、饮料和服务。

3. 以盈利为目的。

二、酒店常见的餐饮设施及服务项目

（一）中餐厅

中餐厅主要经营川菜、粤菜、鲁菜、淮扬菜等，装饰主题突出中式风格，使用中式家具，演奏中国民乐，服务人员穿中国民族服装，让客人在用餐过程中体会中国的餐饮文化。

（二）咖啡厅

为了方便客人用餐、会客和非用餐时间段的餐饮消费，三星级以上酒店都在一楼大堂附近设有提供简单西餐、当地风味快餐或自助餐服务的咖啡厅。营业时间为 18 小时至 24 小时不等，提供早餐、早午餐、午餐、下午茶、晚餐和宵夜。

（三）西餐厅

为了体现酒店档次、餐饮实力和满足部分消费者的需求，四星、五星级酒店一般设有提供法式或意大利式菜肴的西餐厅。

（四）大型多功能厅

大型多功能厅功能齐全，既可以举办大型中餐宴会、西餐宴会、冷餐酒会、鸡尾酒会，还可以根据需要举办记者招待会、新闻发布会、时装展示会、学术会议等。多功能厅可以用活动墙板调节并分隔，以便同时举行不同的活动，也是餐饮部面积最大的活动场所。

（五）小宴会厅

小宴会厅通常又称为包间，一般可以满足 1—3 桌小型中餐、西餐宴会和其他餐饮活动的需求，不受外界打扰，很受客人欢迎。

（六）特式餐厅

特式餐厅是指如啤酒坊餐厅、日本料理餐厅、韩国烧烤餐厅、海鲜餐厅、野味餐厅、泰国餐厅、夜总会餐厅和文化主题餐厅等。

（七）酒吧

酒吧是公众休息、聚会、品味酒水的场所。

（八）客房送餐

客房送餐是星级酒店为了方便客人，增加酒店收入、减轻餐厅压力而提供的服务项目。

（九）外卖服务

外卖服务，是指酒店根据客人的要求派员工到酒店外客人的驻地或指定的地点提供餐饮服务，包括成品提供、现场生产、用餐服务等内容。

三、餐饮部在酒店中的重要性

（一）餐饮部是现代旅游酒店的重要组成部分

餐饮部所管辖的范围，包括各类餐厅、酒吧等传统的经营场所。如今，大多数酒店的餐饮管辖范围已扩展到娱乐、会展等。所有这些餐饮经营场所和餐饮设施，都是客人经常活动的地方，是客人在酒店的活动中心。

（二）餐饮部为酒店创造可观的经济效益

餐饮部是酒店重要的盈利部门之一，我国一般旅游酒店的餐饮收入占酒店总收入的 1/3。如今，餐饮业已步入微利时代，因此，通过扩大宣传促销、开发创新有特色的餐饮产品、增加服务项目、严格控制餐饮成本和费用、增收节支等手段，可为酒店创造较高的经济效益。

（三）餐饮部的工种多，用工量大

餐饮部的业务环节众多而复杂，从餐饮原材料的采购、验收、储存、发放到厨房的初步加工、切配、烹调，再到餐厅的各项服务销售工作，需要各部门、各岗位的许多员工配合和协调，才能发挥其职能作用。因此，餐饮部多工种和用工量大的特点，为社会创造了众多就业机会。

（四）餐饮服务直接影响酒店声誉

餐饮部工作人员，特别是餐厅服务人员，直接为客人提供面对面的服务，其服务态度、服务技能都会在客人心目中产生深刻的印象。客人可以根据餐饮部为他们提供的餐饮产品的种类、质量及服务态度等，来判断酒店服务质量的优劣及管理水平的高低。因此，餐饮服务的优劣不仅直接关系到酒店的声誉和形象，而且直接影响酒店的客源和经济效益。

四、认识餐饮服务

(一) 服务及餐饮服务的概念

1. 服务的概念

在"汉字世界"里，服曾解，人服也得服，不服也得强制你。服从、服务都有某种强制性，有纪律的约束；务，付出劳动，认识解决问题，意思是不论服务于任何事情，干什么工作都需要从认识上、从各自的阶段水平和工作态度上解决问题，认识事物的性质和规律从而顺利地完成任务。能找到最早的记载是《论语》，"子夏问孝。子曰：色难。有事，弟子服其劳；有酒食，先生馔"。

现代汉语词典中"服务"是指为他人做事并使他人从中受益的一种有偿或无偿的活动，不以实物形式而是以提供劳动的形式满足他人的某种特殊需要。

2. 餐饮服务的概念

餐饮服务泛指客人在餐厅就餐的过程中，由餐厅工作人员利用硬件和软件为客人提供餐和饮等服务设施；以及向客人提供菜肴饮料的同时提供方便就餐的一切帮助。通过餐饮服务使客人感受到舒适和受尊重。

餐饮服务包含了直接对客的前台服务和间接对客的后台服务。

前台服务是指餐厅、酒吧等餐饮营业点面对面为客人提供的服务；而后台服务则是指仓库、厨房等客人视线不能触及的部门为餐饮产品的生产、服务所做的一系列工作。

现代餐饮产品的价值主要表现在两个方面：一是通过餐饮产品的外形、质量、装饰、声誉及其本身的食用价值来赢得顾客，为顾客提供有形产品；二是通过餐饮服务人员热情、周到的服务为客人创造一种精神上的满足感，是一种无形产品。

(二) 餐饮服务的黄金标准

凡是客人看到的人都是热情亲切并有礼貌的；

凡是客人看到和使用的环境、用品都是整洁、有序、卫生的；

凡是提供给客人使用的设施设备都是有效的；

凡是客人合理需求范围内的服务都是迅速及时并可以信赖的；

凡是可以享用的餐、饮及商品产品必须是有品质保障和服务安全保障的。

五、认知餐饮部门各岗位工作职责

（一）餐厅领班

1. 接受餐厅经理指派的工作，全权负责本区域的服务工作。

2. 协助餐厅经理拟订本餐厅的服务标准、工作程序。

3. 负责本班组员工的考勤。

4. 根据客情安排好员工的工作班次，并视工作情况及时进行人员调整。

5. 督促每一个服务员并以身作则，大力向客人介绍、推销菜品。

6. 指导和监督服务员按要求与规范工作。

7. 接受客人订单、结账。

8. 带领服务员做好班前准备工作与班后收尾工作。

9. 处理客人投诉及突发事件。

10. 经常检查餐厅设施是否完好，及时向有关部门汇报家具及营业设备的损坏情况，向餐厅经理报告维修情况。

11. 保证菜品准时、无误。

12. 营业结束后，带领服务员搞好餐厅卫生，关好电灯及电力设备开关，锁好门窗、货柜。

13. 配合餐厅经理对下属员工进行业务培训，不断提高员工的专业知识和服务技能。

14. 与厨房员工及管事部员工保持良好关系。

15. 当直属餐厅经理不在时，代行其职。

16. 核查账单，保证在交客人签字、付账前完全正确。

17. 负责重要客人的引座及送客致谢。

18. 完成餐厅经理临时交办的事项。

（二）迎宾员

1. 在本餐厅入口处礼貌地问候客人，引领客人到适当的餐桌，协助拉椅让座。

2. 递上菜单，并通知区域值台员提供服务。

3. 熟悉本餐厅内所有餐桌的位置及容量，确保进行相应的引领工作。

4. 将客人平均分配到不同的服务区域，以平衡各值台服务员的工作量，同时保证服务质量。

5. 在营业高峰餐厅满座时妥善安排候餐客人。如客人愿意等候，则请客人在门口休息区域就座，并告知大致的等候时间；如客人是住店的，也可以请客人回房间等候，待餐厅有空位时再通知客人；还可以介绍客人到酒店的其他餐厅就餐。

6. 记录就餐客人的人数及其所有意见或投诉，并及时向上级汇报。

7. 接受或婉拒客人的预订。

8. 协助客人存放衣帽、雨具等物品。

9. 积极参加各项培训，不断提高自己的综合素质和业务能力。

（三）餐厅服务员

1. 负责擦净餐具、服务用具，搞好餐厅的清洁卫生。

2. 到仓库领货，负责餐厅各种布件的点数、送洗和记录工作。

3. 负责补充工作台，并在开餐过程中随时保持其整洁。

4. 按本餐厅的要求摆台，并做好开餐前的一切准备工作。

5. 熟悉本餐厅供应的所有菜点、酒水，并做好推销工作。

6. 接受客人点菜，并保证客人及时、准确无误地得到菜品。

7. 按本餐厅的标准为客人提供尽善尽美的服务。

8. 做好结账收款工作。

9. 在开餐过程中关注客人的需求，在客人需要时能做出迅速的反应。

10. 负责客人就餐完毕后的翻台或为下一餐摆台，做好餐厅的营业结束工作。

11. 积极参加培训，不断提高自己的服务水平和服务质量。

12. 按照服务程序、标准，指导见习生的日常工作。

（四）传菜员

1. 在开餐前负责准备好调料、配料和传菜夹、画单笔等，主动配合厨师做好出菜前的所有准备工作。

2. 负责小毛巾的洗涤、消毒工作或去洗衣房领取干净的小毛巾。

3. 负责传菜间和规定地段的清洁卫生工作。

4. 负责将点菜单上的所有菜点按上菜次序准确无误地传送到点菜客人的值台员处。

5. 协助值台员将脏餐具撤回洗碗间，并分类摆放。

6. 妥善保管点菜单，以备查核。

7. 积极参加培训，不断提高自己的服务水平和服务质量。

【检测反馈】

思考：

1. 餐厅的概念？

2. 餐饮部在酒店的重要作用有哪些？

3. 餐饮服务的概念？

实践：

1. 到本地五星级酒店了解餐饮设施及服务项目。

2. 到五星级酒店了解餐饮部服务人员的岗位职责。

任务二　熟悉客房部

【任务引入】

　　S 酒店的实习生许静第一天到客房部上班。她接待的第一批客人是 30 人的旅行团，团员有老人、中年人、青年人、小孩。入住当晚，旅行团成员中，有的青年人需要酒店提供网线，有小孩的家长需要酒店换洗床单，有的老人需要酒店帮助调试电视机。团员们对酒店客房部工作人员提出了各种各样的商务、社交等需求。第二天旅行团离开后，又有团员致电酒店，说有行李遗忘在房间。酒店服务质量的优劣，最终取决于客人的感受和客人的评定。许静该如何应对顾客们的各种各样的需求？

【任务分析】

　　酒店的基本功能是向客人提供食宿，满足其旅居生活的基本需要。客房是客人旅游投宿的物质承担者，也是酒店经济收入的主要来源之一。它既是酒店的基本设施和存在的基础，又是酒店档次和服务质量的重要标志。而作为客房服务工作人员想应对顾客们的各种各样的需求，并且提供优质的服务，首先就必须了解并熟悉客房部。

【知识链接】

　　客房部（housekeeping department）又称房务部或管家部，是酒店向客人提供安全、舒适、清洁、便利的居住房间和配套设施以及相关服务的部门。客房部负责客房设施设备的维修保养，并承担着客房和酒店公共区域的清洁卫生工作。

　　客房服务质量的好坏直接影响客人对酒店产品的满意度，是酒店档次和服务质量的重要标志，因此对酒店的声誉和经济效益有着重大影响。

一、客房部的组织机构

客房部是一个组织，作为组织就要有一个正规的机构。组织机构的作用是规定组织内部的信息传递渠道、明确各岗位的职责与权限以及各组成部分之间的关系。

客房部的组织机构没有统一的模式和固定的形态，各酒店要根据自身的类型与规模等客观条件，以及经营指导思想等主观因素进行设计，还要随着酒店的发展变化及时地做出调整。根据我国旅游酒店的普遍做法，一般把客房部的组织机构形态综合分为大中型和小型两类。

（一）大中型酒店的客房部组织机构

在大中型酒店里，客房部的责任范围较大，管辖的区域往往也较多，因此这类酒店客房部组织机构的规模也就比较大，其分支机构和机构层次较多、工种齐全、分工细致、职责明确。大中型酒店客房部一般分为客房服务中心、公共区域和洗衣房三个基本部分，有的还将楼层和布件房单列，从而分为五个部分。在层次上，客房部通常有经理、主管、领班和普通员工四个层次。

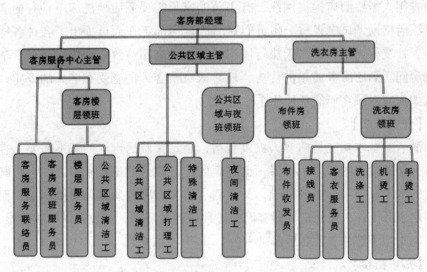

图1-1 大中型酒店客房部组织机构图

（二）小型酒店的客房部组织机构

与大中型酒店相比，小型酒店的规模小，配套的附属设施设备较少，其组织机构设置也比较精简。因此，在小型酒店里，往往不单设客房部，而是将客房部分与前厅部分合并为房务部，即将客房部作为房务部的一部分。即使将客房部单设，其分支机构、工种岗位和机构层次也比较少。

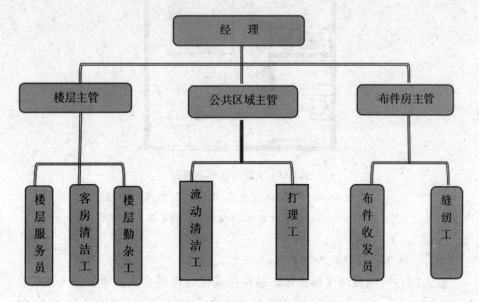

图 1-2 小型酒店客房部组织机构图

二、客房的种类

客房是酒店的重要设施。酒店要适应不同类型和档次客人的需求，同时要考虑酒店的类型和所处的地理位置，设计和布置相应类型和档次的客房。

（一）单人间（single room）

单人间是放一张单人床的客房。单人间又叫单人房，适于从事商务旅游的单身客人住用，是酒店中最小的客房。为了使客人得到更好的享受，有的酒店在单人房中放置一张小双人床。

单人间面积较小而且位置偏僻，颇受单身旅游者青睐，但它已经不是传统的经济房，增加了客房面积，提高了装饰布置的档次，受不少酒店采用。

（二）大床间（double room）

大床间在房内配备一张双人床。这种房间适合夫妻旅游者居住，也适合单身客人居住。

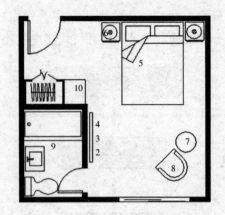

图 1-3 大床间客房平面图

1. 衣柜 2. 小冰柜 3. 写字台 4. 电视机 5. 床 6. 床头柜

7. 茶几 8. 沙发 9. 卫生间 10. 行李架

（三）双人间（twin room）

双人间在房内放两张单人床。这种房间可住两位客人，也可供一人居住。带卫生间的双人间，称为"标准间"（standard room），一般用来安排旅游团队或会议客人。这类客房在酒店占绝大多数。

为了出租和方便客人，有的酒店配备了单双两便床（hollywood bed）。在大床间供不应求时，可将两张单人床合为一张大床，作为大床间出租。

此外，根据客人要求，客房内可以加床，通常做加床用的是可折叠的活动单人床。

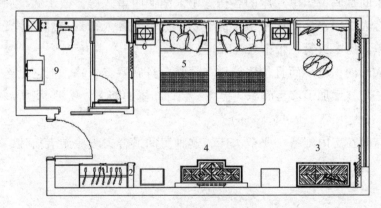

图 1-4 标准间客房平面图

1. 衣柜 2. 小冰柜 3. 写字台 4. 电视机 5. 床 6. 床头柜

7. 茶几 8. 沙发 9. 卫生间 10. 行李架图

（四）三人间（triple room）

三人间是指可以供三位客人同时住宿的房间。房内放三张单人床，属经济型房间。这类客房在酒店，特别是高档酒店很少见。当客人需要三人同住一个房间时，往往采用在双人间中加一张折叠床的方式来解决。

此外，还有同时供三人以上居住的房间，房内放置多张单人床。此类房间多见于一般的旅馆或招待所，我国的高档酒店一般不设置这类客房。

（五）标准套间（standard suite）

标准套间又称普通套间（junior suite），一般为连通的两个房间：一间为卧室（bed room），另一间为起居室（living room），即会客室。卧室中放一张大床或两张单人床，配有卫生间。起居室也可设盥洗室，可不设浴缸，一般供拜访住客的客人使用。

套间可用固定的分室隔离墙隔离，也可用活动隔离墙隔离。起居室在下，卧室在上，两者用楼梯连接的套间称为双层楼间（duplex room）。而连接套房（connecting room），即连通房，是指两个独立的双人间，用中间的双扇门相通，一间布置成卧室，另一间布置成起居室，可作为套间出租。需要时，仍可作为两间独立的双人间出租。但这种连通房中间的双扇门上均需安装门锁，关上时应保持两间客房的私密性和良好的隔音性能。

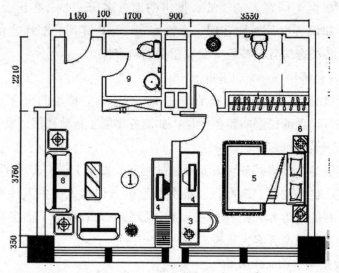

图 1-5　标准套间客房平面图

1. 衣柜 2. 小冰柜 3. 写字台 4. 电视机 5. 床 6. 床头柜

7. 茶几 8. 沙发 9. 卫生间 10. 行李架图

（六）豪华套间（deluxe suite）

豪华套间可以是双套间，也可以是三套间，分为卧室、起居室、餐室或会议室（亦可兼作）。卧室中配备大号双人床或特大号双人床。室内装饰布置和设备用品华丽高雅。

此外，还有由3—5间或更多房间组成的多套间。多套间有两个各带卫生间的卧室，并配有会客室、餐厅、书房及厨房等，卧室内设特大号双人床。

（七）总统套间（presidential suite）

总统套间简称总统房，一般由七八个房间组成。套间内男女贵宾的卧室分开，男女卫生间分用。总统套间拥有客厅、写字室、娱乐室、会议室、随员室、警卫室、餐室或酒吧间以及厨房等，有的还有室内花园。整个房间装饰布置极为讲究，设备用品富丽豪华，常有名贵的字画、古董、珍玩装点其间。

总统套间一般要三星级以上的酒店才有，它标志着该酒店已具备了接待社会名流的条件和档次。总统套间并非只有贵宾才能入住，一般来说，只要付得起房价，谁都可以入住。

（八）特殊客房（special room）

特殊客房是为某一类人群特别设计和布置的客房。如专为残疾人服务的客房，该房间内配置有能满足残疾人生活起居一般要求的特殊设备和用品。又如近几年根据不同客人的需要，推出的商务客房、办公客房、娱乐客房、健身客房、知识客房、男性客房、女性客房、VIP客房、医疗客房、家人团聚客房等。各类客房各具特色，又有很强的兼容性。

（九）特色楼层（special floor）

在高星级酒店，为面向同类消费客人，利用某些楼层的全部或一部分客房，集中进行设置的楼层叫特色楼层，如商务楼层、行政楼层、女士楼层等。

1. 商务楼层（business floor）

商务楼层是为接待商务客人而设置的楼层。楼层上设有专门的商务中心、商务洽谈室、自助餐厅、咖啡厅。商务楼层为入住客人提供入住至离店等一系列服务，有的还为客人配有秘书和翻译服务，有效提高了商务客人的办公效率，也越来越受商务客人喜爱。

2. 行政楼层（executive floor）

行政楼层可以直接为客人办理入住、离店手续，并提供问讯、留言等服务。行政楼层的房间价格要高于普通楼层，行政楼层提供专属的客房服务，比如说有行政酒廊，免费甜点和下午茶，免费洗衣，延迟离店等。一般来说，住在行政楼层的客人大多是贵宾及愿意入住高房价的客人。行政楼层提供的贴身管家服务最具特色，从客人进店开始，贴身管家便听从客人的吩咐和安排，包括为客人打扫房间、收送客衣、订餐送餐、发送传真、安排外出旅游等，使客人感到亲切而舒适。贴身管家的出现，可以说是楼层服务模式的一项新举措。

图1-6　行政楼层

（图片来源：https：//image.baidu.com/）

3. 女士楼层（lady's floor）

女士楼层是酒店为了方便女性客人，专门向女士开放的楼层。随着单身女性宾客的快速增长，此类客房需求量也越来越大。为了让女性客人住得更有安全感，更加舒适，女士楼层在以下方面给客人以特别关注：

（1）尊重女性客人的隐私权。

（2）提供与女性感性相符的室内装饰、设计以及适宜女性需求的家具、日用品等。

（3）提供女性必需的化妆品、服装衣物用设备等。

（4）提供安全警卫服务。

三、客房部楼层服务员岗位职责

（一）直接上级

客房楼层主管/领班。

（二）基本职责

负责客房及楼层公共区域的清洁保养和对客服务工作，为住客提供安全、清洁卫生、舒适方便和美观的住宿环境。

（三）具体工作

1. 负责客房的日常清扫整理和计划卫生。

2. 负责客房杯具的更换和清洗消毒。

3. 为住客提供整理房间、添补用品、擦鞋洗衣、租借物品、访客接待等各项服务。

4. 根据接待规格和客人要求设计布置客房，并能提供有针对性、个性化和有特色的服务。

5. 熟悉客房状况，掌握客人动态。

6. 负责客房小酒吧的管理。

7. 负责楼层物资的管理，合理控制物资的损耗。

8. 检查报告楼层的待修项目。

9. 协助配合其他部门人员在楼层的工作。

10. 承担楼层工作间和走道、电梯厅等处的清洁整理工作。

11. 做好楼层的安全保卫。

12. 完成主管安排的其他工作。

（四）任职条件

1. 具有中职及中职以上学历或同等文化程度。

2. 能用外语进行对客服务。

3. 熟悉客房楼层业务。

4. 熟悉本酒店的营业设施和服务项目。

5. 乐观开朗、热情好客，具有较强的应变能力。

6. 自律守纪、吃苦耐劳。

7. 身体健康，仪表端庄。

【检测反馈】

1. 参观当地一家高星级酒店，参观各种类型的客房，了解酒店客房用品配置的规格，尝试绘制一张标准客房的平面图。

2. 以小组为单位模拟应聘客房服务人员，并填写如下评分表。

表1-1 模拟应聘客房服务人员评分表

序号	考核内容	分值	得分
1	了解岗位，能够说出客房服务人员的职责与要求。	50	
2	仪容仪表符合职业要求，仪态端庄、规范有礼，语言流畅、业务熟练。	30	
3	角色分配得当，小组全员参与。	10	
4	编排创意，表演吸引观众。	10	
总计			

任务三　熟悉前厅部

【任务引入】

某旅游学校安排学生进行教学实习，首先安排参观酒店各部门，熟悉各部门工作情况，当进入大堂，看到装修豪华的大堂，有条不紊的总台接待处，格调优雅的咖啡吧，都给他们留下了高雅而温馨的第一印象。实际上，除了到店后的入住服务外，客人在酒店入住期间享受其他服务也都与前厅部密切相关，前厅部的工作具体包括哪些？

【任务分析】

前厅大堂是每一位客人抵离酒店的必经之地，是客人办理入住登记手续、休息、会客和退房结账的地方，通常给客人留下美好的第一印象和难忘的最后印象。而作为前厅服务人员了解前厅部的工作环境、总台设计、前厅设备、计价方式和房价计算，是做好前厅服务工作的基础。

【知识链接】

前厅部（front office department）是负责招徕并接待宾客、销售客房及餐饮娱乐等服务产品，沟通与协调酒店各部门的对客服务部门。前厅部要为酒店高级管理决策层及相关职能部门提供各种参考信息，同时为宾客提供各种综合服务。

客人对酒店的第一印象，主要来自前厅接待人员，前厅服务是酒店关键的形象窗口，更是一门对客接待的服务艺术。酒店前台接待区域是酒店工作人员与客人主要沟通的工作场所，其职业形象、礼仪修养、表达艺术、服务质量、销售技巧等都会影响和决定客人在酒店居住期间的满意度，无论是正面的还是负面的差异化，都将会影响酒店服务的品质声誉和顾客的回头率，让酒店商业价值大幅增加。

前厅服务人员在酒店的前台工作，既要充分展现酒店的风格品味，也要充分展现个人良好的职业素养。

一、前厅部组织机构设置的形态

前厅部作为一个组织是有一个正规的机构，组织机构的设立能够规定组织内部的信息传递渠道，明确各岗位的职责与权限以及各组成部分之间的关系。

而大中小三个不同规模的酒店在前厅部组织机构设置中有很大的区别，一般大、中型酒店前厅部管理层次多、范围广、职能划分精细，由不同岗位负责，而小型酒店层次少、范围窄，可能将其合三为一，甚至合四为一（见图1-7、图1-8）。

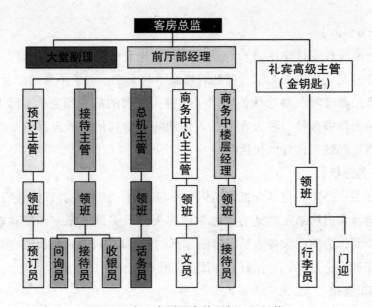

图1-7　大、中型酒店前厅部组织机构

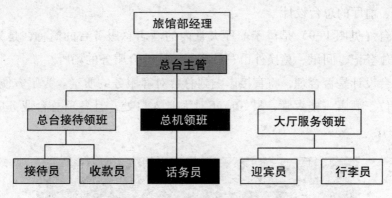

图1-8 小型酒店前厅部组织机构

二、了解前厅气氛和工作环境

（一）酒店大堂的组成部分

1. 酒店入口。应有气派和吸引力。

2. 酒店大门。由正门和边门组成。

3. 大堂公共活动区域。应宽敞舒适，风格、面积必须与酒店的规模和星级相适应，面积应与酒店的客房间数成一定比例，为0.4—0.8平方米/间。

4. 服务柜台。应与服务项目相匹配。

5. 柜台公共设施。齐全的公用电话等设施，供客人查阅有关酒店服务设施、服务项目等信息的触摸式计算机显示屏。

6. 洗手间及衣帽间。中英文的洗手间或衣帽间的指示标记，各种服务用品应齐全，洗手间干净而无异味。

7. 其他。服务营业点的指示牌应醒目，星级酒店应配有显示世界主要客源国（或城市）时间的时钟或显示牌。

（二）前厅大堂的气氛组成

1. 空气清新，温度、湿度适宜。一般温度维持在22～24℃，湿度控制在40%～60%。

2. 有一定的自然光线，同时配以多层次的灯光。

3. 大堂内客人的主要活动区域应以暖色调为主，烘托出热烈豪华的气氛。

4. 前厅的服务环境和客人的休息区域色彩要略冷些，使人有一种平和、宁静的心境，创造出前厅特有的轻松气氛。

5. 前厅是客人及服务人员活动较集中的地方，在设计和布置时，要防止噪声过于集中。

三、前厅的总台设计

总台（见图1-9）是位于前厅大堂内的酒店总服务台的简称，是为客人提供入住登记、问讯、兑换外币、结账等前厅综合服务的场所。

总台设计是否合理，将直接影响到总台对客服务的质量。为了方便客人，总台均位于酒店一楼大堂，最好应正对大堂入口处，且各项总台业务应相对集中。

图1-9 总台

（图片来源：https://image.baidu.com/）

四、前厅的设备

前厅部对客服务的运作效率在很大程度上依赖于所配备的设备状况。随着计算机的应用和有关应用软件的不断开发和完善，越来越多的酒店都配备了计算机服务与管理系统，这样既节省了总台服务空间、扩充了服务信息，又加快了服务节奏、提高了运转效率，同时还大大减轻了服务人员的工作量。

当然不管酒店采用何种计算机服务与管理系统，其运转原理基本与手工操作的运转原理是一致的。手工操作的必备设备主要如下：

（一）客房状况显示架。

（二）客房预订显示架。

（三）问讯架。

（四）钥匙邮件架。

（五）备用钥匙架。

（六）贵重物品保险箱。

（七）客户档案柜。

（八）打印机。

（九）账单架。

（十）电话总机设备。

前厅部除了拥有以上设备外，还应配备行李组设备（如行李车、伞架、残疾人轮椅等）、简介架、登账机、信用卡刷卡机、货币识别机、传真机、电话机、复印机及各类文件柜等。

五、了解酒店的计价方式

表 1-2　酒店的计价方式对照表

计价方式	英文	简写	内容
欧式计价	European Plan	EP	房价
修正美式	Modified American Plan	MP	房价+早餐+午、晚餐中任选一餐
欧陆式	Continental Plan	CP	房价+欧陆式早餐
百慕大	Bermuda Plan	BP	房价+美式早餐

六、学会房价的计算

（一）基本定义

1. 一天房价。18：00 后入住至第二天 12：00 前退房，计收一天房价。

2. 半天房价。18：00 后入住至第二天 12：00 至 18：00 之间退房，增收半天房价。

3. 半价。也叫不过夜价，提供给只在白天使用客房的客人，一般以 10：00~16：00 为限。

4. 服务费。按房价的 10% 加收服务费。

5. 政府税收。按房价的 5% 加收政府税收，但这笔金额上交政府，酒店仅是代收费，应向客人说明。

（二）有关规定

1. 旺季超时加收的有关规定

（1）3 小时之内，加收 1/3 的房价。

（2）3~6 小时，加收 1/2 的房价。

（3）超过 6 小时，加收 1 天的房价。

2. 酒店房价的优惠政策

为了开拓更广泛的客源，酒店往往根据不同的对象给予不同的优惠价格，一般有以下几种形式：

（1）团队价。

（2）政府官员优惠价。

（3）商务优惠价。

（4）常住客优惠价。

（5）航空公司优惠价。

（6）淡季优惠价。

（7）儿童优惠价。

（8）合同价。

（9）免费房。

有两种情况，一是用于接待特殊贵宾，一般需总经理核准；二是团体免费客房，例如旅行社一次性用房 15 间，酒店可免费提供标准间 1 间供旅游团领队或工作人员住等。

房价的折扣和免费，酒店一般都有统一的明文规定，房价需要打折扣或免费时，前厅工作人员必须在住客登记表和账单上加以说明，并请批准人签章，不得自行其是。

七、前厅服务员岗位职责

（一）预订员

1. 工作部门：预订处。

2. 管理层级关系

（1）直接上级：预订处主管。

（2）协作人员：前厅部接待员等。

3. 主要业务

负责酒店客房预订的具体业务工作。

4. 岗位要求

（1）熟悉订房业务知识，能与客户保持联系。

（2）具有使用计算机完成客人的预订、储存资料的能力。

（3）能熟练地编制客房预测表，独立回复客人订房信函。

（4）了解酒店价格政策、酒店服务基础知识和酒店各项服务设施。

（5）善于交际，待人热情礼貌诚恳，反应敏捷。

5. 岗位职责

（1）负责与当地客户建立业务关系网，尽力推销客房。

（2）接受和承办客人各种形式的客房预订业务，及时将预订资料递交接待处。

（3）及时向预订主管提供重要客人到店信息。

（4）准确无误地填写好客人预订表格并存档。

（二）接待员

1. 工作部门：接待处。

2. 管理层级关系

（1）直接上级：接待处领班及主管。

（2）协作人员：预订处预订员、礼宾处行李员、店外接送员、接待处收银员等。

3. 主要业务

负责住店客人的接待工作，查验客人的付款、住宿证件。

4. 岗位要求

（1）掌握酒店客房的类型、位置和价格。

（2）熟悉当天和本月已预订和销售的客房数目。

（3）外语流利，应变能力强，具有较高的销售艺术。

（4）准确填写住宿登记表，正确查验客人护照、签证及其他证件。

5. 岗位职责

（1）负责办理住店登记手续，为客人分配客房。

（2）搞好与预订员和问讯员的关系，做好与楼层服务员的联系工作。

（3）掌握房态和客房出租情况，制定客房出租表。

（4）掌握住店客人动态，做好客人住店期间的服务工作。

（5）搞好接待业务的换班联络工作。

【检测反馈】

1. 实地参观一家三星级以上酒店，观察前厅工作环境和总台设计，以小组为单位绘制一份酒店前厅构造图。

2. 以小组为单位选择一种计价方式进行计算房价练习。

计算举例：一位客人 10 月 1 日入住花园酒店，10 月 3 日下午 2：30 结账离店，此位客人应付多少住房费用？

3. 实地参观一家高星级酒店，画出大堂布局图。

4. 根据前厅岗位职责和岗位要求编写 200—500 字的自荐信。

项目二　岗位要求

【学习目标】

1. 理解酒店从业人员应具备的职业素质；

2. 理解酒店从业人员应具备的礼仪素养；

3. 认知酒店从业人员的职业素养，使自己成为一名职业素养过硬的优秀员工。

任务一　认知酒店从业人员的素质

【任务引入】

小王初中毕业到职业学校无奈之下选择了酒店服务与管理专业，在校期间也不认真学习，觉得学习酒店专业今后没什么发展，工作主要是端盘子、叠被子、抖单子，工作性质是客人吃着你看着，客人坐着你站着，不用学就能去做这项酒店服务工作，也不用具备什么素质，有劳动能力就可以。

【任务分析】

很多人认为干服务工作只需要体力就行，服务是无形的，也是无价的。对于一名酒店从业者而言，不仅是掌握一些基础的服务技能，还要具备全面的综合素质，那么作为一名餐饮从业人员应该具备哪些素质？

【知识链接】

随着酒店业竞争力的日趋激烈和消费者自我保护意识的增强，客人对酒店服务质量的要求越来越高，而酒店服务质量的提高和先进企业文化的传播则有赖于高素质的员工。所谓素质，从广义的范畴讲，是人在精神、品德、知识、阅历、能力、修养、意志和身体等方面的综合表现。

一、思想素质

（一）职业道德

1. 概念

道德是调整人与人、人与社会、集体之间相互关系的行为准则。

职业：职业是指人们在社会生活中对社会承担的特定职责和从事的专门业务，并以此作为主要生活来源的社会活动。

职业道德：人们在职业活动中必然要与他人和社会发生各种各样的关系。为了保证职业活动的正常进行和其社会职能的正常发挥，人们必须规范好这些职业关系。

2. 职业道德的作用

（1）推动企业物质文明建设

企业工作的好坏，都直接或间接地影响着其物质文明建设的进展。怎样才能保证员工自觉做好本职工作，为企业的物质文明建设尽职尽力呢？为此，职业道德起着特殊的、重要的作用。职业道德共同的基本要求是忠于职守。

（2）形成企业良好形象

企业形象是公众对企业特色（包括建筑、服务质量、客源市场等）的综合反映。职业道德要求酒店业各级人员都为客人服务，讲道德，注重人际关系和谐，强调其履行自己应尽的职业义务，正确行使自己的权利和责任，为客人提供有餐饮企业特色的优质服务。遵循自己的职业道德规范，那么，就有可能在经营和服务的同时，形成一种良好的社会关系和企业形象。相反，如果员工没有职业道德，就有可能在从事服务当中出现不负责任、弄虚作假、损公肥私以及尔虞我诈等各种不良风气，并进而影响整个企业的形象。

（3）促使员工在工作和生活中不断地自我完善

一个员工是否可以成才，能否对企业做出贡献，主要依靠其在职业生活中的学习和锻炼。职业道德是员工职业生活的指南，指导员工在具体的职业岗位上，确立目标、选择具体的人生道路，形成具体的人生观和职业理想，养成具体的道德品质。一个员工在企业工作中学习、培养和锻炼各种优良品质，形成高尚的职业理想和情操，于企业与个人都具有十分重要的意义。

3. 职业道德的主要规范

（1）热情友好，宾客至上

这是服务员最有特色、最根本的职业道德规范。我们的社会是个分工与协作的社会，服务是酒店工作的本质所在，从事此项工作，这只是社会分工的不同，并无高低贵贱之分。服务工作和其他工作一样，是一种社会化、知识化、专业化的工作，是一种代表社会文明的工作，认识到这一点，员工就没有任何理由轻视自己的工作，敬业乐业才是对待工作的正确态度。

（2）真诚公道，信誉第一

这是处理主客关系实际利益的重要准则。古人说："诚招天下客，誉从信中来。"有了真诚才有顾客，有顾客才有企业的兴旺，有企业的兴旺，才会有企业的效益。

（3）团结协作，顾全大局

这是正确处理同事之间、部门之间、企业之间、行业之间以及局部利益之间和整体利益之间、眼前利益和长远利益等相互关系的重要准则。

（4）文明礼貌，优质服务

这是酒店从业人员实施职业道德规范最重要的准则。礼貌待客，想客人之所想，急客人之所急，使所有客人时时处处事事都感到真诚的友善、需求的满足、周到的服务。没有优质服务，酒店业的服务工作也就失去了最基本的内容，因此，它还是衡量企业服务质量最重要的一项标准。

（5）遵纪守法，廉洁奉公

这是正确处理公私关系（包括个人与集体、个人与社会、个人与国家）的一种行为准则。它既是法律规范的需要，更是道德规范的需要。

（6）钻研业务，提高技能

这是各种职业道德的共同性规范。它把岗位职责从业务的范畴上升到道德范畴，显示出一种质的飞跃。古人云："工欲善其事，必先利其器。"这"器"就是服务人员将愿望变成现实，将优质服务变成行动的手段。这手段就是：过硬的技能、丰富的知识和精湛的技艺。服务知识所涉及的面很广，如语言知识、社交知识、旅游知识、菜点知识、管理知识等，服务技能则包括了服务技术和服务技巧两方面。服务技术指餐厅摆台，服务接待等，具体标准通过科学的操作规程来体现；服务技巧是指在不同时间、不同场合，针对不同的服务对象而灵活做好服务接待工作，达到良好效果的能力。

（二）服务意识

"客人至上"必须体现在员工的服务工作中，形成一种服务意识。这种意识就是企业员工要以客人为核心开展工作，以满足客人需求，让客人满意为标准。

服务是企业的产品，服务质量对企业竞争具有决定性作用。对酒店企业来说，经营是前提，管理是关键，服务是支柱。服务质量决定着餐饮企业对客人的吸引程度，因此，服务不仅仅是产品，也是赢得客人的关键。换句话说，服务型企业靠接待客人，为客人服务而赢得合理的利润。企业要为客人提供多功能的服务，使客人有一种"宾至如归"之感，客人才会多次光顾消费，把"财"源源不断送到企业。

1. 主动：做到眼勤、口勤、手勤、脚勤、心勤，把服务工作做在客人开口之前。

2. 热情：面带微笑、语言亲切、诚恳待人。

3. 耐心：百问不厌、与客人发生矛盾时，应尊重客人，做到心平气和、耐心说服。

4. 周到：将服务工作做得细致入微、面面俱到、周密妥帖。

此外还要有敬业意识。敬业意识是酒店工作人员最基本的职业意识，也是对一个合格服务人员的基本要求。"敬业"就是敬重我们自己所从事的事业，即职业荣誉感，要树立以业为荣的从业观念。

（三）组织纪律

1. 遵守国家法纪，严守国家秘密，守时。

2. 服从领导，不对过后反应，佩戴工号。

3. 严禁吸烟，吃东西，文明，不办私事，不窃听，不拿公物，不离岗。

思想的主体是人，是人的大脑、心智对其周围环境、人与事的所思、所想。品质是思想的结果，是思想之花。"品"即人品、品德、人格，"质"即质量，品质则是一个人的人格质量。我们可以说："思想品质"是一个人的灵魂，是一个人能挺直腰板立于芸芸众生中的脊梁。

二、能力要求

根据不同的接待对象，用好敬语、问候语、称呼语等。敬语的最大特点是彬彬有礼，热情而庄重。问候语是表示关切问候的语句，因为是服务行业，所以不可以使用处于平等地位的熟人之间的词语。称呼语体现在用词恰当，准确上。在一般称呼的前面，可冠以姓名，职称，官衔等。说话应力求热情完整，合乎语法，不要生硬、冰冷，尤其是解释话，态度尤其要热情。

（一）语言能力

1. 语言能力的特征

（1）用语礼貌

常用的则是：您好，请，对不起，没关系，再见，用餐代替吃饭，几位代替几个人，等等。不同的回答给人的不同效果。客人等菜等了半天的情况下催促服务人员，服务人员应回答：稍等一下，对不起，让您久等了，我再看看。

（2）语气委婉

意思是不直言其事，故意把话说得含蓄、婉转一些。出自《汉书·玄成传》，不直言其事，故意把话说得含蓄，语气婉转含蓄的用语叫做委婉语。古人用委婉语，护了别人的面子，又使自己显得有教养，毫无粗俗之气。

（3）应答及时

不同的回答给人的不同效果。对不同的人说话声音的高低不同。

（4）语音音量适度

说话声调要平稳、和蔼，这样使人感到热情。如刚进餐厅的客人，服务人员的用语声调应当略高而有朝气，声音太小，客人会觉得你不冷不热，态度傲慢。

2. 服务中常用的礼貌用语

（1）欢迎用语。如"欢迎光临""欢迎您来这里进餐""请走这边"等。

（2）问候用语。如"您好""晚安""多日不见，您好吗"等。

（3）应答用语。如"不必客气""没关系""非常感谢""是的""谢谢您的好意"等。

（4）征询用语。如"我能为您做点什么吗""请问还需要什么吗""如果您不介意，我可以……吗"等。

（5）道歉用语。如"请原谅""实在对不起""请不要介意""打扰您了"等。

（6）告别用语。如"再见""希望能再见到您""请慢走""欢迎下次光临""明日再相会"等。

（7）称呼用语。如"先生""女士""一位女客人""您的先生"等。

（8）婉转推托语。如"承您好意，可是……""对不起，我不能离开，我用电话帮你联系一下可以吗"等。

基本礼貌用语 10 字：您好、请、谢谢、对不起、再见。

常用礼貌用语词 11 个：请、您、谢谢、对不起、请原谅、没关系、不要紧、别客气、您早、您好、再见。

3. 使用礼貌用语的注意事项

（1）服务人员在与客人交谈时应保持良好的身体姿态，包括站姿、坐姿和走姿，态度谦和、精神集中、两眼尽量注视对方。

（2）表情轻松，多露微笑。

（3）和客人交谈时，与客人保持一步半的距离为宜。

（4）听客人说话时，要注意倾听，不要左顾右盼、漫不经心、随意看手表、双手东摸西摸。

（5）不要主动与客人握手，如果客人伸出手与你握手时，也应按握手礼的要求进行。

（6）要举止温文尔雅，态度和蔼，能用语言讲清的，尽量不加手势。

（7）要进退有序，讲话完毕要后退一步，然后再转身离开，以示对宾客的尊重，不要扭头就走。

（8）服务员讲话要吐字清楚，嗓音悦耳，这样不但有助于表达，而且可以给人以亲切感。

（二）知识要求

作为酒店从业人员需要掌握的基础知识如员工守则，专业知识，其他相关知识如宗教、美术、文学、艺术、法律等。

1. 掌握我国主要客源国和地区的概况、宗教信仰和饮食习惯。

2. 熟悉我国主要菜系的风格及名菜、名点的制作过程和风味特点。

3. 掌握所供应菜点、酒水的质量标准及性能特点。

4. 掌握相关安全知识。

5. 掌握服务技能和技巧的知识。

6. 要有一定的外语水平。

（三）应变能力

服务员提供面对面的对客服务，客人的类型不一，在服务中会遇到一些突发事件，这就需要服务员具备一定的应变能力，在服务中要牢固树立"客人至上"的服务意识，把"对"留给客人，同时还要具有迅速发现问题的能力、辩证分析问题的能力、果断解决问题的能力。

（四）动手操作能力

酒店服务行业是专业性比较强的一个行业，比如提供餐饮服务需要掌握托盘、折花、酒水、菜肴服务等技能，提供客房服务需要掌握客房清扫的程序、掌握做床的技能，提供前厅服务需要掌握系统操作技能，为顾客办理入住、结账等。

（五）观察能力

有一句话"凡事要做到客人开口之前"，这就需要服务员具有敏锐的观察能力，并把这种潜在的需求变为及时的实在服务。而这种服务的提供是所有服务中最有价值的部分，因为观察能力的实质就在于善于想顾客之所想，将自己置身于顾客的处境中，在客人开口言明之前将服务及时、妥帖地送到。那么服务员该怎样去观察呢？

1. 善于观察人物身份、外貌。顾客是千差万别的，不同年龄、不同性别、不同职业的顾客对服务的需求也是不同的。顾客在不同的场合、不同的神态下，其需求也是不一样的。这当中有些是一眼就能看出的，这时服务员可以就客人年龄的大小、性别的不同提供相应的服务。

2. 善于观察人物语言，从中捕捉顾客的服务需求。语言是服务员判断顾客真实心理需求的一个非常重要的根据。服务员从与顾客的交际谈话或顾客之间的谈话、顾客的自言自语中，往往可以辨别出顾客的心理状态、喜好、兴趣及欠满意的地方。

3. 善于观察人物心理状态。顾客的心理非常微妙地体现在顾客的言行举止中，服务员在观察那些有声的语言的同时，还要注意通过顾客的行为、动作、仪态等无声的语言来揣度顾客细微的心理。

4. 善于观察顾客的情绪。在服务过程中让顾客感到无处不在的服务，又要使顾客感到轻松自如，服务员要学会表达技巧，在谈话中注重艺术性，适时推荐介绍，使顾客感到自由空间的被尊重。

（六）推销能力

餐饮服务员还需要具备一定的推销能力，要针对不同的客人灵活把握推销技巧，比如对轻松型的客人要投其所好，对享受型的客人要激其所欲，对苛求型的客人要释其所疑，让不同的客人都能得到针对性服务。

三、身体素质

（一）身体健康

作为酒店从业人员需要有健康的身体，定期体检，如果有传染性疾病是不能从事该行业的工作。

（二）体格健壮

酒店服务人员均需站立服务，对体力要求比较高，所以平时要不断加强体能训练，以便更好地适应服务工作岗位。

【检测反馈】

思考：

1. 职业道德的概念。

2. 职业道德的主要规范。

3. 到企业了解对酒店从业人员的素质要求。

任务二 做一名懂"礼"的服务员

【任务引入】

李枫是一名中职酒店专业的学生，学校开设的专业课程强调有关礼仪方面的知识，李枫认为酒店不就是学习技能吗？不需要掌握相关礼仪方面的知识，这种想法显然是不正确的，一名优秀的服务人员，必然也是会沟通，仪容仪表得体，谈吐文明的服务员，这是践行优质服务的前提。

【任务分析】

服务是无形的，也是无价的。对于一名酒店从业者而言，不仅是认知所工作的餐饮环境，还要明白怎样的说话是文明的，怎样的穿着是得体的，怎样的沟通是有效的，怎样服务才是优质的，真正做到优质服务"礼"先知。

【知识链接】

一、酒店服务人员的目光礼仪

基本要求：自然、友好、尊敬、无倦意、无醉态。

（一）视线的运用

这里需要考虑三种距离：亲密距离（0.45m~1.2m），社交距离（1.2m~3.6m），公务距离（大于3.6m），在此基础上了解视线如何运用。

1. 公务视线：以双眼为下底线，到前额中部。

2. 社交视线：以双眼为上底线，到唇部中央。

3. 亲密视线：以双眼为上限，延长至胸部。

（二）眼神

1. 注视对方的双眼，但是时间一般以3~6秒。

2. 注视对方的面部，最好是眼鼻三角区。

3. 注视对方的全身，多半适用于站立服务。

4. 注视对方的局部，如接递物品时，应注视对方的手部。

如果想同别人建立良好的关系，在整个谈话时间里你和对方的目光相接累计要达到 50%—70% 的时间！

美国芝加哥大学海斯（Steven C. Hayes）博士的实验证明，瞳孔的变化必然反映出被试者对所看物体的不同感受：瞳孔变大，表示被试者对所看物体有不同程度的喜爱或兴趣；瞳孔缩小，表示被试者对所看物体的讨厌或拒绝；瞳孔不起变化，表示被试者对所看物体漠不关心或感到无聊。

注意：

（1）宾客沉默不语时，尽量不盯着客人，以免尴尬。

（2）服务员的在注视顾客时，视觉要保持稳定，即使需要有所变化，也要注意自然，不要上上下下反复大量扫视，以免使客人感到被挑衅。

（三）眉语

眼睛、眉毛要保持自然而舒展，说话时不要过多牵动眉毛，要给人庄重、自然、典雅的感觉。

（四）目光注视的要点

1. 见面时，要眼睛大睁，以亲切的目光注视对方片刻。

2. 对初次见面的人，还应头部微微点，行注目礼。

3. 交谈时，眼睛看着对方，标准注视时间是整个交谈时间的 2/3。

4. 交谈中，目光不可一直停留在对方脸上，应停留 2~3 秒即移开。

5. 在集体场合开始发言讲话时，要用目光扫视全场。

二、酒店服务人员的表情礼仪

美国希尔顿酒店的董事长唐纳·希尔顿（Conrad Hitton）曾经说过，酒店的第一流设备重要，而第一流的微笑更为重要，如果缺少服务人员的微笑，就好比花园失去了春日的阳光和春风。

（一）微笑的意义

1. 微笑是服务人员的第一项工作。

2. 微笑是可以训练的。

3. 带着笑容出现在宾客面前。

4. 微笑可以拉近彼此的距离。

5. 没有笑容就没有好的人际关系。

（二）练习方法

1. 嘴里说"茄子"。

2. 建立自己的开心金库。

3. 用上下中间的牙齿咬住一根筷子。

4. 把手指放在嘴角并向脸的上方轻轻上提，一边提一边使嘴充满笑意。

5. 标准的笑容是嘴微张，宽度刚好是三根手指并排的宽度，要刚好留出八颗牙齿。

（三）微笑服务的"六个一样"

1. 领导在场不在场一个样。

2. 内宾外宾一个样。

3. 本地客与外地客一个样。

4. 生客熟客一个样。

5. 大人、小孩一个样。

6. 主观心境好坏一个样。

[案例分享]

号称美国"旅馆之王"的希尔顿，是世界上非常有名气的酒店业者，是国际酒店的第一个管理者，也是最长久的一个。从 1919 年到 1976 年，57 年时间美国希尔顿旅馆从一家店扩展到 70 家，遍布世界五大洲的各大城市，成为全球最大规模的旅馆之一。50 年来，希尔顿旅馆生意如此之好，财富增加得如此之快，其成功的秘诀之一，就在于服务人员微笑的魅力。

美国"旅馆大王"希尔顿于 1919 年把父亲留给他的 1.2 万美元连同自己挣来的几千元投资出去，开始了他雄心勃勃的经营旅馆生涯。当他的资产从 1.5 万美元奇迹般地增值到几千万美元的时候，他欣喜自豪地把这一成就告诉母亲，想不到，母亲却淡然地说："依我看，你跟以前根本没有什么两样……事实上你必须把握比 5100 万美元更值钱的东西：除了对顾客诚实之外，还要想办法使来希尔顿旅馆的人住过了还想再来住，你要想出这样简单、容易、不花本钱而行之久远的办法去吸引顾客，这样你的旅馆才有前途。"

母亲的忠告使希尔顿陷入迷惘：究竟什么办法才具备母亲指出的"简单、容易、不花本钱而行之久远"这四大条件呢？他冥思苦想，不得其解。于是他逛商店、串旅店，以自己作为一个顾客的亲身感受，得出了准确的答案："微笑服务"。只有它才实实在在的同时具备母亲提出的四大条件。

从此，希尔顿实行了微笑服务这一独创的经营策略。每天他对服务员的第一句话是："你对顾客微笑了没有？"他要求每个员工不论如何辛苦，都要对顾客报以微笑。

1930 年西方经济全面危机，也是美国经济萧条严重的一年。在这一年，全美旅馆倒闭了 80%。希尔顿的旅馆也一家接一家地亏损不堪，曾一度负债 50 亿美元。困难时期，希尔顿的旅馆老板希尔顿并不灰心，而是充满信心地对旅馆员工说："目前正值旅馆亏空靠借债度日时期，我决定强渡难关，我请各位记住，千万不可把愁云挂到脸上，无论旅馆本身遭遇的困难如何，希尔顿旅馆服务员的微笑永远是属于顾客的阳光。"因此，经济危机中纷纷倒闭后幸存的 20% 旅馆中，只有希尔顿旅馆服务员的脸上带着微笑。当经济萧条刚过，希尔顿旅馆就率先进入新的繁荣时期，跨入黄金时代。

三、酒店服务人员的着装礼仪

（一）制服着装礼仪

1. 穿制服要佩戴工号牌。

2. 制服要整齐挺括。

3. 制服应注意整洁。

4. 鞋袜须合适。

（二）男士西装着装礼仪

1. 穿西装的正常程序：梳理头发→换上衬衫→换上西裤→穿着皮鞋→系领带→穿上装。

2. 上下装颜色、质料、款式一致，这是穿着西装套装的最基本要求。穿着时一定要合体，不能太大或太小。领子应紧贴衬衫并低于衬衫 1 厘米左右，袖长以达到手腕为宜，衬衫的袖长应比西装的袖子长出 1.5 厘米左右。衣长以垂下手时与虎口平为宜，胸围以穿一件厚羊毛衫松紧适宜为好。

3. 衬衫的领子应干净、平整、挺括。衬衫颜色的深浅，应与西装的颜色形成对比，不宜选择同类色，否则搭配后分不出衬衣与西装的层次感。在正式交际场合，衬衫的颜色最好是白色，衬衫的下摆应塞进裤腰里。若不系领带，衬衫的领口应敞开。

4. 领带、领结的颜色和图案应与衬衣和西装搭配协调，一般应选用衬衣和西装的中间过渡色，领带的长度以到皮带扣处为宜，领带夹应夹在衬衣第三和第四粒纽扣之间。穿羊毛衫时，领带应放在羊毛衫内，系领带时，衬衫的第一个纽扣要扣好。

5. 单排扣西装两粒扣子的应扣上面一粒，下面的不扣；三粒扣子只需扣中间的一粒，上下两粒不扣；穿双排扣西装时，应把纽扣都扣上。

6. 西装的衣袋除了胸前口袋中可放置装饰性为主的手帕外，都作装饰所用，一般不应存放物品。记事本、名片夹、香烟等物应放在上衣的左右内袋。

7. 装饰手帕应插入口袋 1/3 的位置。装饰手帕的颜色应随着西装的变化而变化，深色西装宜配浅色手帕，浅色西装应配深色手帕。

8. 西裤裤长以裤脚接触脚背为妥，西裤穿着扣好裤扣，拉严拉锁，裤线应熨烫挺直。

9. 单穿西裤与马甲或衬衫，但系领带时必须扣上袖口的扣子，绝不能卷起袖口，更不得卷起裤边。

10. 穿西装一定要穿皮鞋，而不能穿旅游鞋、轻便鞋或布鞋。皮鞋的颜色应以黑色、深棕色等深色皮鞋为宜，或与西装的颜色一致与协调，要略有鞋跟。女士穿着西装时，也不宜穿高跟皮鞋，而应穿中跟皮鞋。当然不同的岗位服装的要求也有区别，着工装应与岗位要求相适应，比如客房服务员符合岗位要求穿布鞋。

11. 袜子一般应穿与裤子、皮鞋类似颜色或较深颜色。男士宜穿中长筒袜子，这样在坐下谈话时不会露出皮肤上较重的腿毛。

12. 新西装第一次穿着前，要取下袖口上的西装商标。出席正规场合的活动一定要选择质地较好、正规品牌的西装，这样才能体现西装应有的品位。

（三）女士职业装着装礼仪

职业女性的最好服装是西装套裙。西装套裙以其独特的端庄、典雅、含蓄以及流畅的线条美而受到现代职业阶层女性的青睐。西装套裙即上装是西装，下装是长度适宜的裙子，多以一步裙为宜，这样能使人显得精神焕发、隽秀端庄。西装套裙要讲究配套：

1. 上装和裙子的色调应统一而稳重，具有成熟感。

2. 着装时一定要成套穿着，并配上与之相协调的衬衣、高领羊绒衫或有领 T 恤衫，与衬衣搭配时，领口应系上领结、领花或丝巾领带。

3. 穿套裙一定要配以连裤袜或长筒丝袜，而不是在紧身裤外穿套裙，这是不合乎规范的。

4. 套裙最好与皮鞋搭配，中跟或高跟均可，这样可使人亭亭玉立、充满朝气。布鞋、旅游鞋、轻便鞋与西装套裙搭配不相适宜。

5. 着套裙时，对衬衣、袜子、鞋子、饰物甚至皮包的选择，都应注意搭配协调。

四、酒店服务人员的仪容礼仪

（一）男士仪容的基本要求

1. 注意面部的清洁，养成勤洗脸、勤剃须的习惯。

2. 注意头发的清洁。

3. 养成良好的卫生习惯。

4. 注意手的干净。

（二）女士仪容的基本要求

1. 注意面部皮肤的修饰与保养。

2. 应熟悉掌握基本的面部美容化妆知识。

3. 注意头发的护理。

4. 保持手和指甲的清洁。

（三）面容化妆的基本程序

1. 洁面部。

2. 扑粉底。

3. 勾眼线。

4. 画眼影。

5. 描眉毛。

6. 上腮红。

7. 涂口红。

五、酒店服务人员的仪态礼仪

（一）标准的站姿

1. 基本要求

头正肩平，双眼平视前方，下颌微内收，颈部挺直，双肩平正微微放松，呼吸自然，腰部直立，上体自然挺拔，双臂自然下垂放于身体两侧，手部虎口向前，手指自然弯曲，指尖朝下，中指压裤缝，两腿立正，两脚跟并拢，双膝紧靠在一起注意提起髋部，身体的重量应当平均分布在两条腿上。

2. 服务人员在工作中的基本站姿

男士站姿：

第一种：双腿并拢或平行不超过肩宽，两手放在身体两侧，手的中指贴于裤缝，适合比较庄重严肃的场合。

第二种：双脚平行不超过肩宽，以 20 厘米为宜，右手在腹前握住左手手腕，适合在工作中与宾客或同事交流时使用。

第三种：双脚平行不超过肩宽，以 20 厘米为宜，双手在背后腰际相握，左手握住右手手腕或右手握住左手手腕，适合在迎宾时使用。

女士站姿：

第一种：身体立直，挺胸抬头，下颌微收，双目平视，两膝并严，脚跟靠紧，脚掌分开呈"V"字形，提髋立腰，吸腹收臀，双手在腹前交叉，右手搭在左手上，贴在腹部。

第二种：身体立直，挺胸抬头，下颌微收，双目平视，两膝并严，提髋立腰，吸腹收臀，两脚尖向外略展开，右脚（左脚）在前，将右脚跟（左脚跟）靠于左脚（右脚）内侧，双手在腹前交叉，身体重心在两脚上。

3. 不良的站姿

主要有身体歪斜、弯腰驼背、手位不当（口袋内、抱于胸前、叉腰）、脚位不当、倚靠他物、浑身乱动。

（二）端庄的坐姿

1. 坐姿的基本要领

入座时要轻稳，动作要协调从容，走到座位前，转身后退，平稳坐下。女士穿裙装入座时，应将裙角向前收拢一下再坐，一般应从座位的左边入座和站立，不要坐在椅子上再挪动椅子的位置。落座后，上体自然坐直，两腿自然弯曲，双脚平落地上，双膝并拢，臀部坐在椅子的中央，腰部靠好；两手放在膝上，挺胸直腰，目视前方，面带笑容，起立时右脚向后收半步而后站起。

2. 酒店服务人员在工作中的基本坐姿

男士坐姿：上体挺直下颌微收，双目平视，两腿分开不超肩宽，两脚平行，小腿与地面呈垂直状，两手分别放在双膝上。

女士坐姿一：正位坐姿

身体的重心垂直向下，双腿并拢大腿和小腿成 90 度角，双手虎口相交轻握在左腿上，挺胸直腰面带微笑。

女士坐姿二：双腿斜放式

身体的重心垂直向下，双腿并拢大腿和小腿成 90 度角，平行斜放于一侧，双手虎口相交轻握放在左腿上，挺胸直腰面带微笑。

女士坐姿三：双腿交叉式

身体的重心垂直向下，双腿并拢大腿和小腿成 90 度角，平行斜放于一侧，双脚在脚踝处交叉，双手虎口相交轻握放在左腿上，挺胸直腰面带微笑。

女士坐姿四：前伸后屈式

身体的重心垂直向下，双膝并拢左脚前伸右脚后屈或右脚前伸左脚后屈，双手虎口相交轻握放在左腿上，更换脚位时手可不必更换，挺胸直腰面带微笑。

3. 坐的注意事项

（1）落座时不可前倾后仰，或歪歪扭扭。

（2）双腿不可过于叉开，或长长地伸出。

（3）坐下后不可随意挪动椅子。

（4）不可将大腿并拢，小腿分开，或双手放于臀部下面。

（5）高架"二郎腿"或"4"字形腿。

（6）腿、脚不停抖动。

（7）不要猛坐猛起。

（三）规范的走姿

1. 基本要求

其基本要领是：头正肩平，目视前方，两臂自然前后摆动，肩部放松，挺胸、收腹、身体重心在脚掌前部上。

女性服务人员走在一条直线上以显优美，步态应轻捷、优雅，展示出柔和、娇俏的阴柔之美；男性服务人员在行进时，两脚交替前进在两平行线上，两脚尖稍外展，男士的步态应雄健有力、豪迈洒脱，显示出英武的阳刚之美。在正常情况下，服务人员每分钟走 60—100 步左右。

2. 走姿的注意事项

（1）双臂摆动幅度不可过大，约45度左右，切忌左右摆动。

（2）切忌身体左右摇摆或摇头晃肩。

（3）切忌走外八字或内八字。

（4）多人行走不要横排或勾肩搭背。

（5）有急事要超过前面的行人时，不得跑步，可以大步超过，并微转身向被超越者致意道歉。

（6）应靠右行走，行进时如遇宾客、上司和同事，应自然注视对方，主动微笑问好，并放慢行走速度以示礼让。

（四）优雅的蹲姿

有两种标准蹲姿是常用的：

第一种是高低式蹲姿，基本特征是双膝一高一低。下蹲时两腿紧靠，左脚掌基本全着地，小腿基本垂直于地面，右脚脚跟提起，脚掌着地，臀部向下。

第二种是交叉式蹲姿，下蹲前右脚置于左脚的左前侧，使右腿从前面与左腿交叉。下蹲时，右小腿垂直于地面，右脚全脚着地。蹲下后左脚脚跟抬起，脚掌着地，两脚前后靠紧，合力支撑身体；臀部向下，上身稍前倾。女子较适用这种蹲姿。

六、规范恰当的手势

服务人员常用的手势及具体的做法有：

（一）引导手势

引导，即为客人指示行进方向，也就是指路。引导客人时，首先轻声对客人说"您请"，然后采取"直臂式"指路，具体做法是：将左手或右手提至齐胸高度，手指并拢，掌心向上，以肘关节为轴，上臂带动前臂，手臂自上而下从身前抬起，朝欲指示的方向伸出前臂，手和前臂成一直线，整个手臂略弯曲，肘关节基本伸直。在指示方向时，上体微前倾，面带微笑，身体倾向来宾，眼睛看着所指目标方向，并兼顾来宾是否看清或意会到目标。注意指示方向，不可用一个手指来指示方向，在任何情况下，用拇指指着自己或用食指指点他人是不礼貌的行为。

（二）"请"的手势

"请"手势是服务人员运用的最多的手势之一。"请"根据场景的不同，有着不同的语义："请进""这边请""里面请""请跟我来""请坐"等。

在表示"请"时常用"横摆式"。其手势的规范要求为：五指伸直并拢，掌心斜向上方，手掌与地面成45度，腕关节伸直，手与前臂呈直线，整个手臂略弯曲，弯度以140度为宜。做动作时，应以肘关节为轴，上臂带动前臂，由体侧自下而上将手臂抬起，到腰部并与身体正面成45度时停止。头部和上身微向伸出手的一侧倾斜，另一手下垂或背在背后，面向客人，面带微笑，目视来宾，表示出对宾客的尊重、欢迎。至于用哪只手做，这要根据情况来定，哪只手做起来方便即用哪只手。做手势时，必须面对客人，不得背对客人。

另外，也可采用曲臂"前摆式"的"请"手势。其做法是：五指伸直并拢，掌心向上，手臂由体侧向体前摆动，摆到手与身体相距20厘米处停住，身体略微前倾，头略往手势所指方向倒，面向客人，面带微笑，目视来宾。

当面对较多来宾表示"请"时，可采用双臂横摆式，如果是站在来宾的侧面，可将两只手臂向一侧摆动。

无论是哪一种，其基本手势是相同的，仅手臂所抬的高度有所不同而已。

表示"请进",其手臂抬起较高；而"请坐"手势，其手臂抬起较低。

（三）介绍的手势

1. 介绍他人的手势，要求为：掌心向上，四指伸直并拢，拇指张开，手腕与前臂成一直线，以肘关节为轴，整个手臂略弯曲，手掌基本上抬至肩的高度，并指向被介绍的一方，面带微笑，目视被介绍的一方，同时兼顾客人。

2. 介绍自己的手势，要求为：右手五指伸直并拢，用手掌轻按自己的左胸。介绍时，应目视对方或大家，表情要亲切坦然。

介绍时，切忌伸出食指来指点别人或用大拇指指着自己。否则是一种傲慢、教训他人的不礼貌的行为。介绍他人时要热情、客观、掌握分寸。介绍有先后之别，一般将身份低、年轻者先介绍给身份高者和年长者；将男性先介绍给女性；将客人先介绍给主人。介绍时，一般双方要起立，长者、身份高者和女性可例外。需要介绍的人较多时，介绍的顺序是：先贵宾，后一般客人；先长者，后年轻者；先女士，后男士；先客人，后主人；先职务高者，后职务低者。被介绍者一般应起立或欠身致意。

（四）握手的手势

握手是由交际双方在见面或告辞时互伸右手彼此相握传递信息、感情的无声语言，它是服务员一种重要的手势语言。

1. 握手姿势

握手有单手握和双手握。单手握是最普通的握手方式，握手时，距离对方约一步，伸出右手，四指并拢，拇指张开，手指微微内屈，肘关节微曲抬至腰部，上身微前倾，目视对方与之右手相握。并可适当上下抖动以示亲热。握手一定用右手，这是约定俗成的礼仪。双手握是为了表示对对方加倍的亲切和尊重时运用，即自己同时伸出双手，握住对方右手。但是，这种握手方式只适用于年轻者对年长者，身份低者对身份高者或同性朋友之间，男子对女子一般不用这种礼节。

2. 伸手次序

在握手时，讲究由谁先伸出手，主要是为了尊重对方的尊严、感情、爱好、意见等。一般说来，伸手次序应是重要者先伸手，次要者后伸手。通常年长（尊）者、女士、职位高者、上级、老师先伸手，然后年轻者、男士、职位低者、下级、学生及时与之呼应。来访时主人先伸手，以表示热烈欢迎。告辞时等客人先伸手后，主人再伸手与之相握，才合乎礼仪，否则有逐客之嫌。朋友和平辈之间谁先伸手不作计较，一般谁伸手快，谁更为有力。若一个人要与许多人握手，最有礼貌的顺序是：先长者，后晚辈；先上级，后下级；先主人，后客人；先女士，后男士。

3. 握手力度和时间

握手要注意力度，不可用力过猛或有气无力，在一般情况下，握手不必用力，握一下即可。男士与女士握手不能握得太紧，如果是战友重逢或与嘉宾相见时，可稍加用力。西方男士往往只握一下女士的手指部分，但老朋友可以例外。

握手时间的长短可根据握手双方的亲密程度灵活掌握。初次见面者，一般应控制在三秒钟左右。男士与女士握手除了用力要轻，时间也要短些，长久地用力握住女士的手是失礼的行为。即使握同性的手时间也不宜过长，以免对方欲罢不能。老朋友或关系亲近的人则可以边握手边问候，甚至双手长时间地握在一起。

4. 握手禁忌

（1）贸然伸手。遇到上级、长者、贵宾、女士时，自己先伸出手是失礼的。

（2）抓指尖式。握手时仅轻轻触一下对方指尖，给人以勉强冰冷的感觉。过于软弱无力，时间过短，左顾右盼，心不在焉者，给人一种冷漠不情愿的感觉。

（3）交叉握手。多人同时握手切忌交叉，要等别人握完后再伸手。有的国家视交叉握手为凶兆的象征，交叉成"十"，意为十字架，认为必定会招来不幸。

（4）忌戴手套。男士握手前应脱下手套、摘掉帽子。军人不脱帽先行军礼，然后再握手。在社交场合女士戴薄纱手套或网眼手套亦可不脱，但在商务活动中讲男女平等，女士亦摘手套。

（五）递送物品

1. 在递送物品时要轻拿轻放，并用双手送上，不要随便扔过去；接物时应点头示意或道声谢谢。

2. 递书、资料、文件、名片等，字体应正对接受者，要让对方马上容易看清楚。

3. 递上剪刀、刀子或尖利的物品，应用手拿着尖头部位递给对方，让对方方便接取。

4. 如需客户签名，要注意递笔时笔尖不可指向对方。应把笔套打开，用左手的拇指、食指和中指轻握笔杆，笔尖朝向自己，递至客户的右手中。

（六）操作礼仪

在服务行业操作中讲究"三轻"，即说话轻，走路轻，操作轻。酒店操作礼仪中涉及为多位宾客服务均按顺时针方向进行。

【检测反馈】

1. 结合大赛仪容仪表标准，以小组为单位，将男生、女生分别进行分组进行一分钟礼仪展示内容的编排，要求从目光、表情、语言、微笑、仪容仪表展示、引领、鞠躬、站姿、走姿、蹲姿几个方面进行组合。

2. 检查学生完成情况。

仪容仪表标准：总体要求精神面貌佳，着装、发型等符合职业要求。

表 2-1　仪容仪表考核评价表

项目	要求	分值100	得分
头发	男士：后不盖领，侧不盖耳；干净、整齐，着色自然，发型美观大方。女士：后不过肩，前不盖眼；干净、整齐，着色自然，发型美观大方。	10	
面部	男士：不留胡须及长鬓角。女士：淡妆。	10	
亲和力	面带微笑，目光、表情到位，注重礼节礼貌。	30	
手及指甲	干净；指甲修剪整齐，不涂有色指甲油。	10	
服装	符合岗位要求，整齐干净；无破损、无丢扣；熨烫挺括。	10	
鞋	符合岗位要求的黑颜色皮鞋（中式铺床选手可为布鞋）；干净整洁，擦拭光亮，无破损。	10	
袜子	男深色，女浅色；干净，无褶皱，无破损。	10	
首饰及徽章	选手号牌佩戴规范，不佩戴过于醒目的饰物。举止自然、大方、优雅。	10	
合计			

操作技能篇

项目三　餐饮服务基本技能

【学习目标】

1. 能描述托盘的操作要领和方法，并能将托盘运用自如；

2. 能描述餐巾折花的操作要领和方法，能折叠各种造型的环花、盘花和杯花；

3. 能按照中餐摆台的操作程序摆台；

4. 能根据中餐酒水服务的操作要领和方法为客人提供酒水服务；

5. 能根据中餐菜肴服务的操作要领和方法为客人提供菜肴服务；

6. 能描述其他相关服务技能的操作要领和方法，并能为客人提供相关服务。

任务一　托盘中的风采

【任务引入】

某酒店宴会大厅正在举行隆重的宴会，客人在舒缓的音乐声中自由交谈、轻松就餐。这时，一位男服务生用大方托盘托着装有饮料的杯子向客人走来，一不小心，托盘上的饮料杯翻倒，全部洒在邻近的一位客人身上，响声惊动了所以客人，大家目光一齐投向这位客人……，最终引起顾客投诉。

【任务分析】

正确使用托盘，是每个餐厅服务员应具备的基本技能，可以为餐饮服务的物品托运提供便利，提高餐饮服务的工作效率，规范餐饮服务、美化服务姿态。

使用托盘服务前，服务人员必须掌握理盘、装盘、起盘、行走、落盘五个步骤及其要领。从托盘的选择、清理到托盘托送方法都要一丝不苟，尽量避免服务事故的发生。

【知识链接】

托盘是餐厅服务人员在餐前摆台准备、餐中提供菜点酒水服务、餐后收台整理时必用的一种服务工具。

一、托盘的种类及其用途

（一）托盘的种类

1. 按照托盘的制作材料，可分为木托盘、金属托盘和胶木防滑托盘。

图 3-1 木质　　　　　　图 3-2 金属　　　　　　图 3-3 胶木

2. 按照用途差异，可分为大、中、小三种规格的长方托盘和圆托盘。圆托盘的直径大于 36 厘米的为大圆托盘；直径在 32—36 厘米之间的为中圆托盘；直径在 20—32 厘米的为小圆托盘。长方托盘也按此规格分大、中、小三种。

图 3-4 方形　　　　　　　　图 3-5 圆形

（二）托盘的用途

1. 方盘和中方盘，用于装运菜点、酒水、收运餐具和盆、碟等重的器具。

2. 小方盘和大、中圆盘，一般用于摆台、斟酒、上菜、上饮料等。

3. 小圆盘和 6 寸小银盘主要用于送账单、收款、递信件等小物品。

二、托盘的使用方法

按所托物品轻重，有轻托和重托两种方式。物品重量在 5000 克以内的，适宜采用轻托方式，物品重量在 5000 克以上，则采用重托方式。

（一）轻托

轻托又称胸前托。此法多用中、小型托盘，有便于工作的优点。轻托的动作要领：

1. 两肩平行，用左手。

2. 上臂垂直于地面，下臂向前抬起与地面平行，上臂与下臂垂直成 90°角。

3. 手掌掌心朝上，五指张开，指实而掌心虚。大拇指指端到手掌的掌根部位和其余四指托住盘底，手掌自然形成凹形，掌心不与盘底接触。

4. 手肘离腰部 15 厘米。

5. 右手自然下垂或放于背后。

图 3-6　轻托

（图片来源：全国职业院校技能大赛规范视频）

（二）重托

重托又称肩上托。此法多用大型托盘，重托的动作要领：

1. 左手向上弯曲臂肘的同时，手掌向左向后转动手腕 90°至左肩上方。手掌略高出肩 2 厘米，五指自然分开，用五指和掌根部控制托盘的平衡。

2. 托盘的位置以盘底不压肩，盘缘不近嘴，盘后不靠发为准。

3. 手应自然下垂摆动或扶住托盘的前内角。

目前，为了安全省力，餐饮企业一般不采用重托盘，多用小型手推车递送重物。

三、轻托的操作程序

（一）理盘

根据所托物品选择好托盘，洗净、擦干，非防滑托盘应在盘内垫上干净的餐巾或专用托盘垫布。整理好的托盘应整洁美观，并且每使用一次托盘都应及时清理盘内杂物。

（二）装盘

根据物品的形状、体积和使用的先后顺序合理装盘。装盘的四项原则：将较重的、较高的物品摆放在内侧（靠近身体的一侧）；将较轻的、较低矮的物品摆放在外侧；将先用的物品摆放在前面或上面；后用的物品摆放在里面或下面。

图 3-7　装盘

（三）起托

在一般的平台上装盘后，用右手将托盘拉出台面 1/3，脚一前一后站立，上身前倾，左手托住盘底，掌心位于底部中间，右手协助将托盘托起。假如托盘较重，则先屈膝，双腿用力使托盘上升而不是直接用臂力，然后用左手掌托住盘底，右手协助起盘，并按照轻托标准进行正确托盘。

图 3-8　起盘（落盘）

（四）行走

1. 托盘行走的几种步伐

（1）常步。步履均匀而平缓，快慢适当。适用于餐厅日常服务工作。

（2）快步（急行步）。较之常步，步速要快一些，步距要大一些，但应保持适宜的速度，不能表现为奔跑，否则会影响菜品形态或使菜肴意外地洒出；端送火候菜或急需物品时，在保证菜品不变形、汤汁不洒的前提下，以较快的速度行走。

（3）碎步（小快步）。步距小而快地中速行走。运用碎步，可以使上身保持平稳，使汤汁避免溢出。适用于端送汤汁多的菜肴及重托物品。

（4）跑梯步。身体向前倾，重心前移，用较大的步距，一步跨两个台阶，一步紧跟一步，上升速度快而均匀，巧妙地借用身体和托盘运动的惯性，既快又节省体力。此法适用于托送菜品上。

（5）垫步（辅助步）。需要侧身通过时，右脚侧一步，左脚跟一步。当餐厅员工在狭窄的过道中间穿行时或欲将所端物品放于餐台上时应采用垫步。

2. 托盘下蹲

正确的做法是上体保持托盘姿势，下体采用交叉式或高低式蹲姿。值得注意的是无论采用哪种下蹲方式，左脚均在前，这样才不至于使托盘挡住视线，看不到掉在地上的物品。

3. 甩盘

这个动作是在托盘靠近客人，为客人撤换餐具时用得最多的一个动作，目的是避免托盘碰到客人的头部。动作要领：伸出右脚踩在两个椅子之间，移动重心到右脚，同时以手肘为轴心托盘由胸前平行移动至胸左侧，右手拿取餐桌上的物件。做这个动作时，要求服务员要保持左手托盘的平衡，特别是托盘上的物件较高而重心不稳时或盛器内有汤汁时。

托盘时要量力而行，不要勉强，宁可多走几次也要保证安全。

（五）落盘

若是轻托，卸盘时，由于盘中物件减少，重心发生转移，所以要随时移动托盘在左手上的重心点，使左手托盘保持平衡。若是重托必须先放在落菜台上或其他空桌上，再徒手端送菜盘上菜或其他物品上桌。如果托盘上装有重物要卸盘时需注意，不能用力过猛，应当先将托盘前端 1/3 放在台面上，再将整个托盘推进去放好，这个动作刚好与起盘相反。

总之，在托盘时要求轻托把握平、稳、松，重托把握盘前不近嘴、盘底不搁肩、盘后不靠发，在不同的环境行走或者对客服务时，特别注意安全意识，同时还要注意卫生意识、规范意识、标准意识，优质服务的践行需要理解服务无小事。

表 3-1　托盘实训步骤及操作要领

步骤	要求	操作规范	备注
理盘	1. 根据运送菜肴、饮料、餐具等选择合适的托盘。 2. 垫上口布或垫巾防滑。	1. 将托盘整理干净将托盘洗净、擦干，盘内铺上干净的盘布或口布并铺平拉直，使盘布与托盘对齐。这样，增加摩擦力，可避免餐具在托盘中的滑动，同时，增加了托盘的美观与整洁。防滑的托盘可以不铺口布。 2. 检查是否完好无损。准备好垫布、专用擦布、垫碟等。检查所需运送酒水、餐具等物品是否齐全、干净。垫布的大小要与托盘相适应，垫布的形状可根据托盘形状而定，但无论是方形还是圆形垫布，其外露部分一定要均等，使整理铺垫后的托盘既整洁美观又方便使用。	整理托盘时应注意托盘的平整，因为有些托盘使用一段时间后，就会出现变形，如金属类的托盘边沿容易变形。托盘的底变形不平，影响美观，这样的托盘对端托物品有安全隐患。有些塑料托盘使用一段时间后容易出现变色或斑痕，一旦出现了清理不掉的斑痕，再继续用其为客人端送物品时，一来不雅，二来容易引起客人对器具的卫生安全产生疑虑，因此，这类托盘应停止使用。
装盘	根据物品的形状、体积和使用先后的顺序，合理安排。	根据物品的形状、重量、体积和使用的先后次序合理装盘。在轻托服务中，将重物、高的物品放在托盘的里边（靠自身的边），先使用的物品与菜肴放在上层，或放在托盘的前部，后使用的物品放在下面或托盘的后部。而重托服务根据需要可装入约 10 千克的物品，因此，装入的物品应分布均匀。	注重把物品按高矮大小摆放协调，切忌将物品无层次地混合摆放，以免造成餐具破损。装盘时还要使物与物之间留有适当的间隔，以免行走时发生碰撞而产生声响。重托往往端托汤汁较多的物品，做好清洁工作是非常重要的，只有及时将盘内的油污清洗干净，才能避免物体滑动造成事故。
起托	保持托盘平稳，汤汁不洒、菜肴不变形。	先将托盘的一端拖至服务台外，保持托盘的边有 15 厘米搭在服务台上。左手托住托盘底部，掌心位于底部中间，右手握住托盘边。如托盘较重，则先屈膝，双腿用力使托盘上升，然后用手掌托住盘底。	动作一步到位，干净利落。

续表

步骤	要求	操作规范	备注
行走	步法轻盈、稳健，上身挺直，略向前倾。视线开阔，动作敏捷。精力集中，精神饱满。	托盘行进中，选用正确的步伐是托盘服务的关键，托盘行进步伐的选用应根据所托物品的需要而定。托起托盘行走时，眼睛要目视前方，身体端正，不要含胸弯腰，脚步要轻快匀称，步态稳健；行走的时候要注意控制所托物体的运动惯性，如果遇到情况需要突然停下来时，应当顺手向前略伸减速，另一只手及时伸出扶住托盘，从而使托盘及托盘中的物品均保持相对平稳。 1. 行走时要注意周围情况，能较好控制行走速度。 2. 行走时两眼目视前方，靠右行走，尽量走直线。 3. 在通过门时要特别小心，避免发生碰撞。	1. 常步：常规步伐，指端送一般物品时，可选用常规步伐行走。 2. 疾步：快步，指端送火候菜肴或急需物品时，应选用较快的步伐，但快步不同于跑步，而是要求在稳中求快。 3. 碎步：小步，指托盘服务小步幅的中速行走。这种步伐适用于端送汤汁多的菜肴及重物品。 4. 垫步又称辅助步，如端送物品到餐台前欲将所托物品放于餐台上时，应采用垫步。 5. 跑梯步，身体向前弯曲，重心向前，用较大的步距，一步跨两个台阶，一步紧跟一步，上升速度快而均匀，巧妙地借用身体和托盘运动的惯性，既快又节省体力。
落盘	动作轻缓，托盘平稳。保持托盘重心稳定、盘内物品不倾斜、落地。	卸盘时，用右手取走盘内所需物品，左手托盘应注意随着盘内物品的变化而用左手手指的力量来调整托盘重心，且应从前后左右交替取用。托盘行走过程中，如需将托盘整个放到工作台上称之为落盘。落托时，应左脚向前，用右手协助左手把托盘小心推至工作台面，放稳后按照从外到内的顺序取用盘内物品。	如果所托物品较轻，可以用右手将物品从托盘中取下来递给客人，物品取走部分之后，餐厅员工应及时用右手对托盘位置或盘中物品进行调整，使托盘保持平衡。如果托送的物品较为沉重时，餐厅员工可以将托盘放在邻近的空桌面或菜台上，然后将所托物品依次递给客人。

【检测反馈】

表3-2　托盘考核表

考核项目	标准分	得分	扣分	考核项目	标准分	得分	扣分
理盘	6分			无碰撞声	6分		
装盘	10分			行走姿态	10分		
起托	10分			向后转身	10分		
托盘位置	6分			蹲下拾物	10分		

考核项目	标准分	得分	扣分	考核项目	标准分	得分	扣分
托盘姿势	6分			落托	10分		
不倒物品	6分			总体印象	10分		
总成绩							

任务二　餐巾折花的艺术

【任务引入】

北京隆冬的一个傍晚，市中心某大酒店张灯结彩，热闹非凡，驻京的英国、日本、法国等各国的商人正汇聚一堂，听取某大公司总经理关于寻求合作伙伴的讲话。

会后，客人被请到了大宴会厅，宴会厅布置高雅、华丽，每张餐桌上都摆有非常漂亮的餐巾花型，有孔雀开屏，彩凤翼美，芬芳壁花，双叶荷花等，客人在迎宾小姐的引领下走到餐桌旁，可迎宾小姐发现有数名英国和日本的客人不肯就座，而且表现出不高兴的样子，迎宾小姐不知所措赶忙去找部门经理……

【任务分析】

餐巾花在整个席面中有装饰台面、显示宾主席位、保洁的作用，是一种无声的语言，但是不同的国家对于一些花型是有讲究的，所以餐巾折花不仅在对客服务过程中起着保洁、装饰美化台面、显示宾主席位的作用，还在表达无声语言方面起着至关重要的作用。

【知识链接】

餐巾，又名口布、茶巾、席巾等，是餐厅经营中供宾客用餐时专用的卫生清洁用品，折成各种花型后，就成为餐台布置中的艺术装饰品。餐巾折花的灵活运用是使餐台造型设计趋于完美的重要手段，造型美观、技法熟练的餐巾折花，会极大地提高餐台的观赏价值。

在宴席上使用餐巾，也是我国的古老文化传统。《周礼·天官》所载职事中，就已记载了幂人掌管用毛巾覆盖食物的古制。这种用以覆盖食物的毛巾，也很可能是世界上最早的餐巾。据故宫博物院编辑的《紫禁城帝后生活》介绍，清代皇帝吃饭，也使用一种宫廷中称之为"怀挡"的餐巾。这种餐巾是用明黄绸缎绣制而成，绣工精细、花纹别致，福寿祥图案华丽夺目，餐巾一角还有扣襻，便于就餐时套在衣扣上使用。

一、餐巾折花的作用与餐巾的种类

（一）餐巾的作用

1. 卫生保洁的作用

宾客可把餐巾放在胸前或放在膝盖上，一方面可以用来擦嘴，另一方面可防止汤汁油污弄脏衣裤。

2. 美化席面的作用

不同的餐巾花型，蕴含着不同的宴会主题。服务员用一张小小的餐巾可创造出栩栩如生的花、鸟、鱼等，这些形状各异的餐巾花，放在餐台上，既美化了餐台又增添了庄重热烈的气氛，给人以美的享受。

3. 无声的形象语言

在正式宴会上，女主人把餐巾铺在腿上是宴会开始的标志。这就是餐巾的第一个作用，它可以暗示宴会的开始和结束。中途暂时离开，将餐巾放在本人座椅面上。

4. 标志宾主席位的作用

在折餐巾花时应选择好主宾的花型，主宾花型高度应高于其他花型高度以示尊贵，同时也体现宴会的规格和档次。

5. 烘托餐台气氛，突出宴会目的

餐巾花对交流思想感情产生良好的效果，例如寿宴、喜宴上的餐巾花，如折出比翼齐飞、心心相印的花型送给一对新人，可以表示出永结同心、百年好合的美好祝愿。国宴上，如用餐巾折成喜鹊、和平鸽等花型表示欢快、和平、友好，给人以诚悦之感。

（二）餐巾的种类

1. 餐巾的质地

餐巾按质地分，有棉布制和涤纶化纤布制的两种，在实际使用中各有所长。用细卡、漂白布制的餐巾，吸水去污性能好，浆洗后挺括、易折叠，造型效果好，但每次用后都需洗净、上浆、烫挺，操作比较麻烦。涤纶化纤布制的餐巾有弹性、比较平整，不用浆烫，使用较方便，但吸水去污性能较差，折叠造型的可塑性不如布制的好。因而，折花造型宜选用棉布制的餐巾。

2. 餐巾的规格大小和边缘形状

餐巾一般以 45—50 厘米见方较为适宜，边缘分为平直形和波浪曲线形两种。

3. 餐巾的色彩

可根据餐厅的整体风格进行选择，力求和谐一致。白色餐巾布给人素洁之感；红色、鹅黄、粉红等暖色系列给人热闹之感，还可刺激人的食欲；咖啡色、紫色等给人高贵之感。有一定主题的宴会配上适当色彩的餐巾布，能起到恰如其分的效果。

二、餐巾花形的基本要求及分类

（一）餐巾花形的基本要求

餐巾花的样式繁多，但基本要求是简单美观、挺括、形象、生动。

1. 简单美观，使用方便

餐巾折花要求简单实用，如果折花过程过于复杂，一则不卫生，二则在使用的时候皱褶太多，反而影响美观。

2. 挺括生动，形象逼真

用餐巾折出的花鸟兽等造型要求形似神随，挺括有生气，简洁明了，让人一眼就能辨认出来。而不能粗糙、散乱，让人感到似是而非、牵强附会。

（二）餐巾花的种类

1. 按摆放位置分类

餐巾花的种类繁多，按摆放位置和方式可分为杯花、盘花和环花三种。

（1）杯花。一般应用在正式的宴会中，不同的宴会有相对稳定的餐巾花搭配和设计。其特点是需插入杯子中才能完成造型，折叠的技法复杂，程序较多，操作有一定的技巧，服务规范，造型别致和多种多样，成为服务艺术和优质服务的组成部分。

（2）盘花。盘花一般在西餐和中餐零点餐厅中应用比较多一些，这是零点餐饮的餐巾花的一个小潮流。其特点是折叠简单，操作方便，服务简单，造型简洁明快，餐巾折痕较少。造型完整，成型后不会自行散开，可放于盘中或其他盛器内，所以现在高级酒店采用盘花的居多。

（3）环花。将餐巾平整卷好或折叠成造型，套在餐巾环内，称环花。餐巾环花通常放置在餐盘上，特点是简洁、雅致。餐巾环也称为餐巾扣，有瓷制、银制、象牙、塑料、骨制的，等等。此外餐巾环也可用色彩鲜明、对比感强的丝带或丝穗带代替，餐巾环花通常放在装饰盘或餐盘上。特点：传统、简洁和雅致。

杯花、盘花、环花如下图所示：

图 3-9　杯花、盘花、环花

（图片来源：https：//image.baidu.com/）

2. 按造型餐巾花可分为植物类、动物类、实物类三种。

（1）植物类。植物类造型根据植物花形折制的有月季、荷花、梅花、牡丹、水仙花等。四季花卉的造型按植物的叶、茎、果实，有荷叶、竹笋、玉米等品种。植物类花型变化多，造型美观，是餐巾折花品种中的一个大类，如荷花、月季花、茨菇叶、芭蕉叶等。

（2）动物类。动物类造型包括鱼虫鸟兽，其中以飞禽为主，如孔雀、鸽子、海鸥等。动物类造型有的塑其整体，有的取其特征，形态逼真，生动活泼，也是餐巾折花中重要的一类。

（3）实物类。实物造型此类花型是模仿日常生活中各种实物形态折叠而成。常见的有花篮、折扇等。这类花型在餐巾花中只占少数，目前品种还不太多。

（a）动物类　　　　　　（b）植物类　　　　　　（c）实物类

图 3-10　植物类、动物类、实物类的花型

三、餐巾折花技法与要领

餐巾折花的技法主要有以下几种：叠、推、卷、穿、攥、翻、拉、握、掰。

（一）（折）叠

1. 叠是最基本的餐巾折花的手法。叠就是将餐巾一折为二，二折为四或者折成三角形、长方形等几何图形。

2. 图示如下：

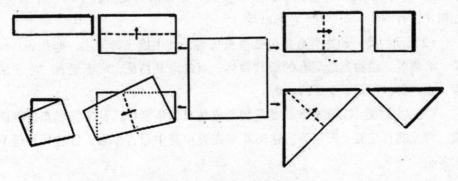

图 3-11　（折）叠的技法

3. 叠的要领是：一次叠成、避免反复，否则餐巾上会留下折痕，影响造型的挺括美观。

4. 代表花型：

图 3-12 三角篷

图 3-13 热带鱼

（二）推（折）

1. 推（折）：是打褶时运用的一种手法。就是将餐巾折成褶裥的形状，使花型层次丰富、紧凑、美观。

2. 图示如下：

图 3-14 推的技法

推折又可分为直线推折和斜线推折，斜线推折时用一手固定所折餐巾的中点不动，另一手按直线推折法围绕中心点进行圆弧形推折，其指法与直线推折相同。

3. 推折的动作要领：用双手的拇指、食指分别捏住餐巾两头的第一个褶裥，两个大拇指相对成一线，指面向外；两手中指按住餐巾，并控制好下一个褶裥的距离；拇指、食指的指面握紧餐巾向前推折至中指外；用食指将推折的裥挡住；中指腾出去控制下一个褶裥的距离；三个手指相互配合，使褶裥均匀整齐。

4. 代表花型：

图 3-16　仙人掌

图 3-17　一叶

（三）卷

1. 将餐巾卷成圆筒形并制出各种花型的一种手法。卷可分为平行卷和斜角卷两种。平行卷时，餐巾两头一定要卷平；斜角卷就是将餐巾一头固定，只卷另一头，或是一头多卷另一头少卷，形成的卷筒一头大一头小。

2. 图示如下：

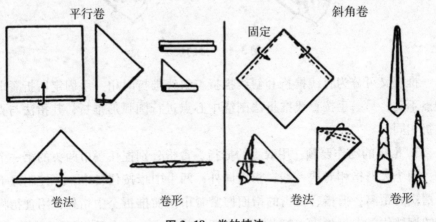
图 3-18　卷的技法

3. 要领：卷紧、卷挺。平行卷要求两手用力均匀，一起卷动，餐巾两边形状必须一样；斜角卷要求两手能按所卷角度大小，互相配合好。

4. 代表花型：

图 3-19　卷心花　　　　　图 3-20　并蒂莲　　　　　图 3-21　节节高

（四）穿

1. 穿是用工具从餐巾的夹层折缝中间，边穿边收，形成皱褶，使造型更加逼真美观的一种手法。但采用这种手法后，使餐巾花散开时太多皱褶而影响使用，所以现在用这种方法越来越少。

2. 图示如下：

顶在身上

图 3-22　穿的技法

3. 要领：筷子要光滑，拉折要均匀。穿好的褶裥要平、直、细小、均匀。遇到双层穿裥时，如"孔雀开屏"，一般应先穿下面，再穿上面，这样两层之间的褶裥不易被挑出散开，造型饱满，富有弹性，更加逼真美观。

4. 代表花型：

图 3-23 曲院风荷   图 3-24 如意蝙蝠

（五）攥

为了使叠出的餐巾花半成品不易脱落走样，一般用左手攥住餐巾的中部或下部，然后右手操作其他部位。

图 3-25 攥的技法

（六）翻

1. 翻是在折叠过程中，将餐巾折、卷后的部位翻成所需花样，以构成花、叶、鸟翅、动物头等形状。

2. 图示如下：

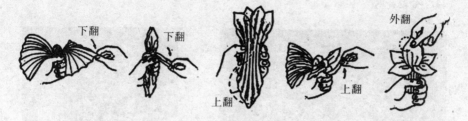

图 3-26　翻的技法

3. 要领：注意翻时大小适宜，自然美观。
4. 代表花型：

图 3-27　马蹄莲　　　　　　图 3-28　浪漫樱花

（七）拉

1. 拉是在翻的基础上，为使餐巾造型挺直而使用的一种手法。如折鸟的翅膀、尾巴、头颈，花的茎叶等时，通过拉的手法可使餐巾的线条曲直明显，花型挺括而有生气。

2. 图示如下：

图 3-29　拉的技法

3. 要领：注意拉时用力要均匀，不要猛拉，否则会损坏花型，前功尽弃。

4. 代表花型

图 3-30　圆芯花蕾　　　　　　　　图 3-31　春芽四叶

强调：在折叠大多数植物花型当中，翻和拉技法基本是一起呈现运用折叠成多种多样的花型，所以在有的教材中也将翻拉技法作为一个技法呈现了，因为在折叠过程中还是有区别的，所以这里我们分开表述的。

（八）捏

1. 这种方法主要用作鸟的头部折叠。操作方法是先将餐巾的一角拉挺直作颈部，然后用一只手的大拇指、食指、中指三个指头捏住颈部顶端，食指在上，将巾角尖端向下压，用中指与拇指在下，将压下的巾角捏紧，捏出尖嘴状，即可作为鸟的头部。

2. 图示如下：

图 3-32　捏的技法

3. 要领：棱角分明，鸟类造型的头顶角、嘴尖角到位。

4. 代表花型：

图 3-33 平尾鸟

图 3-34 三尾鸟

（九）掰

1. 掰就是指在制作时，将餐巾叠好的层次，按顺序一层一层掰出来。例如富有立体感的艳丽牡丹，就采用这种手法。

2. 图示如下：

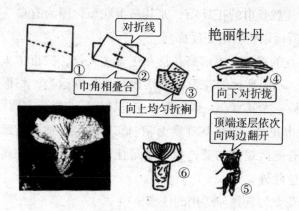

图 3-35 掰的技法

3. 要领：层次分明，间距均匀，富有美感。

4. 代表花型：

图 3-36　鸟语花香

通过以上技法的综合运用，能折叠出许多美丽的花型，大赛考察的花型至少运用三种以上技法，大家为了更好地掌握餐巾折花的技能，可以将步骤一折叠成正方、三角、长方、条形、锯齿、菱形等形状归类，这样更方便记忆。

四、餐巾折花在操作及摆放时的规范要求

1. 操作前要净手，在干净的大花盘或者托盘中操作，注意卫生意识。

2. 操作时姿态优雅大方，不允许用嘴叼、牙咬。

3. 放花入杯时，手指不能接触杯口，杯身不留指纹。

4. 操作时注意餐巾的正反面，尤其鸟类花型，因为有鸟头的操作，所以熟记起始步骤所运用餐巾的正反面。

5. 注意主花的选择，要求高花摆在正副主人位，突出主人座位，其他餐巾花高低均匀，不同品种的花型同桌摆放时要位置适当，将形状相似的花形错开并对称摆放，尤其宴会一般选择五花五鸟搭配，错落有致。

6. 插摆餐巾花时，要将其观赏面朝向宾客席位，适合正面观赏要将正面朝向宾客，适合侧面观赏的要选择一个最佳观赏角度摆放，鸟类花型一般鸟头朝右，主人位除外。

五、餐巾花型的选择与运用的注意事项

1. 根据宴会的主题确定花型的类别、总体造型特点。比如婚宴宜选择并蒂莲、鸳鸯、喜鹊等造型的餐巾花，而不宜选择扇子，因为"扇"的谐音为"散"；寿宴宜选择仙鹤、寿桃等餐巾花造型，而不宜选用吊钟花、菊花等。

2. 根据宴会的规模来选择花型。一般大型宴会选用造型简单、美观的花形；小型而规格高的宴会可选用造型较为复杂且形象逼真的花型。

3. 根据宾客身份、宗教信仰、风俗习惯和爱好选择花型。

根据宗教信仰选择：如果客人是信仰佛教的，宜叠植物、实物造型，不用动物造型；如果信仰伊斯兰教的，可选用金鱼、大鹏鸟等花型，不用能猪的造型。

根据宾客风俗习惯：如美国人喜欢山茶花，忌讳蝙蝠图案；日本人喜欢樱花，忌讳荷花、梅花；法国人喜欢百合，讨厌仙鹤；英国人喜欢蔷薇、红玫瑰，而且把孔雀看成祸鸟。

4. 根据宾主座位的安排选择花型。宴会主人座位上的餐巾花称为主位花。因为宴会需要突出主位的尊贵，所以主位应选择有高度的、美观而醒目的花型。

作为即将从事酒店服务行业的我们来说，在掌握基本的专业技能的同时，还要掌握相关的知识，如一些客源国家的礼俗禁忌等方面的知识。全面提高综合能力，努力使自己成为一名优秀的专业人才。

六、餐巾花实例

（一）常用餐巾花实例练习 1：

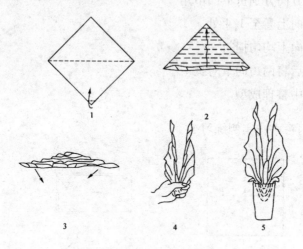

图 3-37　芭蕉叶折叠步骤图

杯花：芭蕉叶

1. 将下巾角向上卷至中线

2. 再向上折六至七褶

3. 巾角两侧向下对折拢

4. 手握成此形状

5. 插入杯中整理成型

（二）常用餐巾花实例练习2：

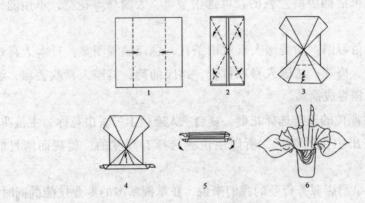

图3-38 花枝蝴蝶折叠步骤图

杯花：花枝蝴蝶

1. 将两边向中间对拢折

2. 按图示方向分别折下四巾角

3. 从底边向上卷至1/4处

4. 再继续向上均匀捏折

5. 成条状后将两边向下对拢

6. 放入杯中整理成型

（三）常用餐巾花实例练习3：

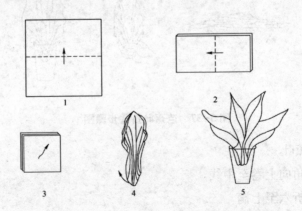

图3-39 单荷花折叠步骤图

杯花：单荷花

1. 底边向上对折与顶边对齐

2. 再从右向左对折

3. 按曲线指示方向从中间两边均匀捏折

4. 将底角折上 1/3 左右

5. 放入杯中，打开四巾角整理成型

（四）常用餐巾花实例练习 4：

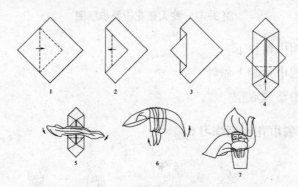

图 3-40　花背鸟折叠步骤图

杯花：花背鸟

1. 将左侧巾角向右折 1/3 左右

2. 再将此角向左折 2/3 左右

3. 右角同左边一样折

4. 自虚线处向上均匀捏折

5. 将两边向下对折

6. 先将两底角翻上做翅膀，再将右巾角拉上做头

7. 放入杯中整理成型

（五）常用餐巾花实例练习 5：

杯花：美人蕉花

1. 将底角向上对折

2. 底边两巾角从内侧向顶角折拢

3. 将正反面外层分别向下对折

4. 从中间向两边均匀捏折

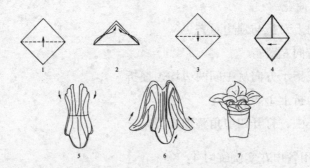

图 3-41 美人蕉花折叠步骤图

5. 将上面两巾角拉下

6. 将下面四巾角翻上做叶

7. 放入杯中整理成型

（六）常用餐巾花实例练习6：

图 3-42 玫瑰折叠步骤图

杯花：玫瑰

1. 提起餐巾布中间一点，将四个角均匀旋转

2. 将左手捏住餐巾中部

3. 将下面四个巾角翻上做叶

4. 放入杯中整理成型

（七）常用餐巾花实例练习7：

图 3-43 三角篷折叠步骤图

盘花：三角篷

1. 将餐巾对折两次后成正方形，再折成三角形

2. 将三角形折过右手大拇指

3. 撤平折缝

4. 开口或不开口的一面放在餐盘内面向客人

（八）常用餐巾花实例练习8：

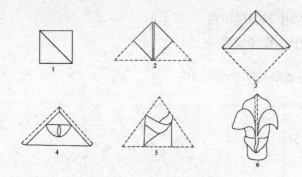

图 3-44　香蕉折叠步骤图

盘花：香蕉

1. 将餐巾折成三角形

2. 将两底角折向顶角折成正方形

3. 将正方形的一角折向原顶角成三角形

4. 新折上的角再向下翻

5. 将三角形的两底角插入夹层

6. 翻拉成型

（九）常用餐巾花实例练习9：

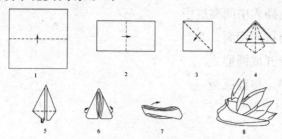

图 3-45　帆船折叠步骤图

盘花：帆船

1. 将底边向上对折，与顶边对齐

2. 由左向右对折

3. 将右顶角处四巾角一起向下对折

4. 将底边两巾角按虚线所示折叠

5. 将底部向背后折上

6. 将两边角向下对拢

7. 拉起夹层中的四层巾角

8. 放入盘中，整理成型

（十）常用餐巾花实例练习 10：

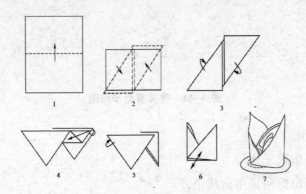

图 3-46　王冠折叠步骤图

盘花：王冠

1. 将底边向上对折，与顶边对齐

2. 按虚线所示将两巾角折叠

3. 将两边从中缝处向后反折

4. 将右巾角插入中间夹层中

5. 左边巾角折向背面

6. 将底部拉开成圆形

7. 放入盘中，整理成型

（十一）常用餐巾花实例练习11：

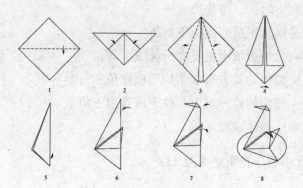

图 3-47　海狮折叠步骤图

盘花：海狮

1. 将底角向下对折，与顶角对齐

2. 将左右底角向顶角对折

3. 将两边巾角向中间对拢

4. 沿中线对折

5. 将底边翻起放于桌面

6. 将尖角捏成头

7. 将两层巾角依次翻下做尾

8. 放入盘中，整理成型

（十二）常用餐巾花实例练习12：

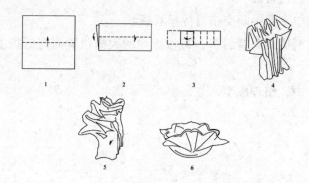

图 3-48　星形扇面折叠步骤图

盘花：星形扇面

1. 将底边向上对折，与顶边对齐

2. 将底边分别从正反两面向下对折

3. 从一边向另一边依次正反向折叠成 8 等份

4. 将正面夹缝中的长方形巾角拉下成直角三角形

5. 将反面夹缝中的长方形巾角拉下成直角三角形

6. 放入盘中，整理成型

（十三）常用餐巾花实例练习 13：

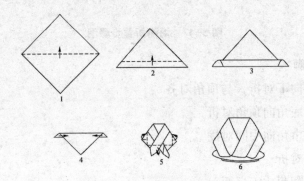

图 3-49　和服归箱折叠步骤图

盘花：和服归箱

1. 将底角向上对折，与顶角对齐

2. 将底边向上拆 1/5 左右

3. 将方巾翻过背面

4. 将两边巾角向中间交错对拢呈衣领状

5. 将左右两边角向背后折，再按虚线的大概位置向背后折上底角，半插入折裆里

6. 放入盘中，整理成型

（十四）常用餐巾花实例练习 14：

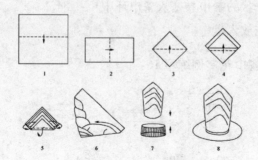

图 3-51　雨后春笋折叠步骤图

环花：雨后春笋

1. 将顶边向下对折，与底边对齐

2. 从左向右对折

3. 将底巾第一层上折，与顶角间距 1 厘米左右

4. 后面三层依次上折，间距相等

5. 先将底部向背后折 2 厘米左右，再将两边巾角向后折

6. 将一巾角插入另一巾角的夹层中

7. 将折好的餐巾套入花环中

8. 放入盘中，整理成型

（十五）常用餐巾花实例练习 15：

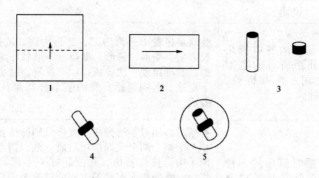

图 3-50　卷花折叠步骤图

环花：卷花

1. 将底边向上对折，与顶边对齐

2. 从左边卷向右边，卷成长条状

3. 准备餐巾环

4. 将卷成长条状的餐巾卷塞入餐巾环中

5. 将餐巾环花放入盘中

（十六）常用餐巾花实例练习 16：

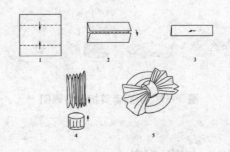

图 3-52　蝴蝶结折叠步骤图

环花：蝴蝶结

1. 将上下两边向中间对拢

2. 将中线对折

3. 从一边向另一边均匀捏折

4. 将折好的餐巾套入餐巾环中

5. 放入盘中，整理成型

表 3-3　折花技法实训步骤及操作要领

手法	说明	要领
（折）叠	叠是最基本的餐巾折花手法，几乎所有的造型都要使用。叠有折叠、分叠两种。	叠就是将餐巾一折为二，二折为四，或折成三角形、长方形、菱形、梯形、锯齿形等形状。叠时要熟悉造型，看准角度一次叠成，如有反复，就会在餐巾上留下痕迹，影响挺括。叠的基本要领是找好角度一次叠成。
推	推是打褶时运用的一种手法。推就是将餐巾叠面折成褶裥的形状，使花形层次丰富、紧凑、美观。	打褶时，用双手的拇指和食指分别捏住餐巾两头的第一个褶裥，两个大拇指相对成一线，指面向外。再用两手中指接住餐巾，并控制好一个褶裥的距离。拇指、食指的指面握紧餐巾向前推折至中指外，用食指将推折的褶裥挡住，中指腾出去控制下一个褶裥的距离，三个手指如此互相配合。可分为直线推和斜线推两种方法，两头一样大小的用直线推，一头大一头小或折半圆形或圆弧形的用斜线推。推的要领是折出的褶裥均匀整齐。

续表

手法	说明	要领
卷	分平行卷和斜角卷两种,平行卷餐巾两头要卷平。斜角卷可折成三角形,餐巾边要参差不齐。	卷是用大拇指、食指、中指三个手指相互配合,将餐巾卷成圆筒状。平行卷有单头卷、双头卷、平头卷,直卷要求餐巾两头一定要卷平,只卷一头,或一头多卷,另一头少卷,会使卷筒一头大,一头小。不管是平行卷还是斜角卷,餐巾都要卷得紧凑、挺括,否则会因松软无力、弯曲变形而影响造型。卷的要领是卷紧、卷挺。
穿	一般用筷子等工具从餐巾夹层折缝中穿过,形成皱褶,使之饱满、富有弹性、逼真的一种方法。 此技法目前运用较少。	将餐巾先折好后攥在左手掌心内,右手拿筷子,用筷子小头穿进餐巾的褶缝里,另一头顶在自己身上,然后用右手的大拇指和食指将筷子上的餐巾一点一点向后拨,直到把筷子穿出餐巾为止。穿的要领是穿好的褶裥要平、直、细小、均匀。穿好后先把餐巾花插入杯子内,然后再把筷子抽掉,否则容易松散。根据需要,一般只穿1~2根筷子。
攥	使叠出的餐巾花半成品不易脱落走样而采用的方法。	1. 用左手攥住餐巾的中部或下部。 2. 然后用力操作其他部位,攥在手中的部分不能松散。
翻	餐巾折制过程中,上下、左右、前后、内外改变部位的翻折	操作时,一手拿餐巾,一手将下垂的餐巾翻起一个角,翻成花卉或鸟的头颈、翅膀、尾等形状。翻花叶时,要注意叶子对称,大小一致,距离相等。翻鸟的翅膀、尾巴或头颈时,一定要翻挺,不要软折。翻的要领是注意大小适宜,自然美丽。
拉	在翻的基础上使餐巾造型挺直而采取的手法	一般在餐巾花半成形时进行,把半成形的餐巾花攥在左手中,用右手拉出一个角或几个角来。拉的要领是大小比例适当、距离相等、用力均匀,造型挺括。
捏	主要用于做鸟与其他动物的头。	捏住鸟颈的顶端,食指向下,将餐巾一角的顶端的尖角向里压下。捏主要用于折鸟的头部造型。操作时先将餐巾的一角拉挺做颈部,然后用一只手的大拇指、食指、中指三个指头捏住鸟颈的顶端,食指向下,将巾角尖端向里压下,用中指与拇指将压下的巾角捏出尖嘴状,作为鸟头。捏的要领是棱角分明,头顶角、嘴尖角到位。

续表

手法	说明	要领
掰	一般用于花，如月季花的制作等。	1. 按餐巾叠好的层序，用右手按顺序一层一层掰出作花瓣。 2. 掰时不要用力过大，掰出的层次或褶的大小距离要均匀。

【检测反馈】

中餐厅接到一个寿宴的预订，假如你是负责该宴的服务员，你将选择哪些花型来布置餐台，请在 8 分钟内完成 10 种不同造型的餐巾花，要求花型美观大方。

表 3-4　餐巾折花综合运用考核表

序号	考核内容	考核要点	评分标准	配分	扣分	得分
1	叠口布	会折 5 种动物造型，5 种植物造型	按指定品种折口布花，5 种动物造型，5 种植物造型。	30		
		推折均匀整齐，造型美观形象逼真	折叠动作规范、熟练、优美；口布花形象逼真、线条挺括。	20		
		手法规范	插入杯中部分保持美观，插入杯中 2/3 处，口布花放入杯中时，手不碰杯口。	5		
		操作卫生	注意操作卫生，在平盘内进行，不允许用牙叼咬和使用其他辅助用品。	5		

序号	考核内容	考核要点	评分标准	配分	扣分	得分
2	摆放口布花	摆放整齐，突出正副主人位	口布花成型后正面朝外，口布花摆放整齐，高矮有序，突出正副主人位。	10		
		观赏面朝向客人	口布花观赏面朝向客人。	10		
		摆放位置与杯具距离	放口布花的水杯摆放在葡萄酒杯左侧的水平线上，水杯口距葡萄酒杯口1厘米。	10		
		综合效果	造型美观形象逼真	10		
	合计			100		

任务三　台面上的风景

【任务引入】

王先生邀请生意合作伙伴一行 8 人进入某五星级酒店中餐厅就餐，一切服务都有序进行着。服务人员小李依次为客人递巾送茶落巾撤筷。菜肴陆续上桌，小李也主动为每位客人分菜。张先生习惯使用左手，每次夹完菜后，放筷子都很不方便，小李也没有发现这个问题，撤换脏餐具的时候，小李仍然将筷托、筷架、筷子放在了客位右侧，张先生有些不高兴地说：“你们酒店规定筷子只能放右边的吗？”

【任务分析】

虽然服务中有标准和规范，但面对特殊客人，我们的服务也应该有变通，真正做到“以人为本”。当遇到有“左撇子”客人的时候，我们就应该及时帮助客人将筷架、筷子进行位置调换，换到左手。该案例是因为我们的服务人员观察不仔细、不主动，让客人出现尴尬场面。

【知识链接】

摆台是把各种餐具按要求摆放在餐桌上，它是餐厅配餐工作中的重要一项内容，是一门技术，摆得好坏直接影响服务质量和餐厅的面貌。

　　中餐宴会摆台须根据宴会的性质、形式、主办单位的具体要求、参加宴会的人数、面积等来制定方案。中餐宴会多采用圆台，其台形设计按厅堂的大小和自然条件来布置。一般有圆形、正方形等，总的要求是左右对称，出入方便。确定台型后，要按就餐人数安排座椅。主人的座位应正对厅堂入口处，其视线应能纵览全厅。

　　一、准备工作

　　按规定着装，佩戴工号牌，面容整洁，女服务员淡妆上岗精神饱满，面带微笑，站姿规范，动作大方，头发梳理整洁，发型符合从业人员要求，指甲干净，手部卫生。

　　然后服务人员应将双手洗净，并对准备铺用的每块台布进行仔细地检查，发现有残破、油液和皱褶的台布则不能继续使用，并清点餐具数目，做好餐前摆台的餐用具准备工作，所备餐具酒具，符合卫生标准和宴会使用要求，准备物品时要使用托盘，轻拿轻放。（注：以下图片均为全国职业院校技能大赛规范操作视频截图）

图3-53　准备物品

（本节图片来源：全国职业院校技能大赛公开规范视频）

　　最后根据餐厅空间大小，首先应将所需餐椅按就餐人数摆放于餐台的四周，使之呈三三两两对称摆放。要求1/2椅面塞进桌面，按照餐用具摆放操作的顺序，摆放合理有序，安全美观。

餐椅保持三三二二 对称摆放

图 3-54 桌椅摆放

二、铺设台布

（一）台布的种类及规格

1. 台布的种类

台布的种类很多，图案有团花、散花、工艺绣花及装饰布等；台布的颜色有白色、黄色、粉色、红色、绿色等，选择台布的颜色，要与餐厅的风格、装饰、环境相协调。

台布的形状大体有三种：正方形、长方形和圆形。正方形常用于方台或圆台，长方形则多用于西餐各种不同的餐台，圆形台布主要用于中餐圆台。

2. 台布的规格

圆形台布其规格各有不同，一般的圆形台布多见于定型特制，即根据餐台的大小将台布制成大于餐台直径 60 厘米的圆形台布，使台布铺于餐台上圆周下垂 30 厘米为宜。一般为了餐台美观，铺设两层台布，一层装饰布，一层台布。

（二）铺设方法

根据餐厅的装饰、布局确定席位，操作时，应把握就近原则选择主人或副主人位置铺设，我们以主人位为例，餐厅服务员应将主人位餐椅拉开至右侧餐椅后边，餐厅服务员站立在主人餐椅处，距餐台约 40 厘米，将选好的台布放于主人处的餐台上。

铺台布时，双手将台布打开并提拿好，身体略向前倾，运用双臂的力量，将台布朝主人座位方向轻轻地抛抖出去。在抖铺过程中，做到用力得当，动作熟练，一次抖开并到位，铺好台布后，应将拉出的餐椅送回原位。中餐圆台铺台布的常用方法有三种：

1. 推拉式。即用双手将台布打开后放至餐台上，将台布贴着餐台平行推出去再拉回来。这种铺法多用于零餐餐厅或较小的餐厅，或因有客人就座于餐台周围等候用餐时，或在地方窄小的情况下，选用这种推拉式的方法进行铺台。

2. 抖铺式。即用双手将台布打开，平行打折后将台布提拿在双手中，身体呈正位站立式，利用双腕的力量，将台布向前一次性抖开并平铺于餐台上。这种铺台方法适合于较宽敞的餐厅或在周围没有客人就座的情况下进行。

3. 撒网式。即用双手将台布打开，平行打折，呈右脚在前、左脚在后的站立姿势，双手将打开的台布提拿起来至胸前，双臂与肩平行，上身向左转体，下肢不动并在右臂与身体回转时，台布斜着向前撒出去，将台布抛至前方时，上身转体回位并恢复至正位站立，这时台布应平铺于餐台上，抛撒时，动作应自然潇洒。这种铺台方法多用于宽大场地或技术比赛场合。

（三）要求

要求台面正面朝上，抖铺台布一次到位，先铺设装饰布再铺设台布，要求铺设好的台布四周下垂均等，中心线凸缝合朝上，十字线居桌中，台布的中线对准正副主人位，台面平整。

图 3-55　铺设台布

三、摆放餐具

（一）骨碟定位

要领：摆放骨碟前先净手，再卫生规范地将餐碟装盘，从主人位开始定位一次性摆放餐碟，要求餐碟间距离均等，托盘平衡，姿态优雅，拿碟手法正确，手拿餐碟边缘部分，卫生无碰撞，如果有图案的要正对客人，要求餐碟边距桌沿 1.5 厘米，定位后的餐碟要求，两两相对与餐桌中心点三点一线。

图 3-56　摆放骨碟

（二）摆放汤碗、汤勺和味碟

1. 汤碗摆放在餐碟左上方 1 厘米处，汤勺放置于汤碗中，勺把朝左与餐碟平行。

2. 味碟摆放在餐碟右上方，拿取餐具注意卫生，汤碗与味碟之间距离的中点对准餐碟的中点。

图 3-57　摆放汤碗、汤勺、味碟

（三）摆放筷架、汤勺、牙签、筷子

筷架摆在餐碟右边，筷架左侧纵向延长线与餐碟右侧相切，席面羹、牙签、筷子依次由里向外摆放，筷套正面朝上，筷尾的右下角距桌沿 1.5 厘米，牙签套正面朝上，底部与席面羹齐平。

（四）摆放葡萄酒杯、白酒杯

要领：要求摆杯手法正确，手拿杯柄或中下部，卫生，葡萄酒杯放在餐碟正上方，白酒杯摆在葡萄酒杯的右侧，两杯杯肚间隔 1 厘米，杯底中点与水平成一直线。

图 3-58　摆放筷架、汤勺、牙签、筷子

图 3-59　摆放葡萄酒杯、白酒杯

（五）摆放水杯

折花时要求操作姿态优雅，手法卫生一次成型，折 10 种不同的花型，一般是五花五鸟，花插入水杯时不触及杯口及杯的上部，底部整齐、美观，落杯不超过 2/3，五花五鸟交叉摆放，有头尾的动物类造型头朝右，主人位除外。为了拿取方便，可以将 10 个杯花分两次端托，顺时针两次摆放完毕，要求水杯摆放于葡萄酒杯的左侧，三杯杯底中点与水平成一直线，花型突出正副主人位，整体协调。

图 3-60　摆放水杯

（六）摆放公用餐具

1. 摆放公用筷架。要求将公用筷架摆放在主人和副主人位水杯正上方，距离水杯杯肚下沿切点 3 厘米，依次放汤勺和筷子，筷子前端超出筷架 5 厘米左右。

图 3-61　摆放公用餐具

2. 摆放花瓶和桌号牌。服务员在第三主宾位右侧或第四主宾位左侧上花瓶和桌号牌，桌号牌正对副主人位。

图 3-62　摆放花盆、桌号盘

3. 摆放菜单。菜单摆放在正副主人的筷架右侧，距离筷子 1 厘米，菜单右尾端距离桌边 1.5 厘米。

图 3-63　摆放菜单

4. 整理工作台。摆放完毕之后，将工作台面上的物品归位，保证清洁卫生。

（七）摆放餐椅

先拉第一主宾（主人位右侧第 1 位）、第二主宾（主人位左侧第 1 位）、主人位，然后按顺时针方向逐一定位，示意让座；座位中心与餐碟中心对齐，餐椅之间距离均等，餐椅座面边缘距台布下垂部分 1 厘米；让座手势正确，体现礼貌。

图 3-64　摆放餐椅

中餐摆台在酒店服务过程中作为餐饮服务程序中餐前服务的一个环节，对于提升酒店整体品牌形象具有非常重要的作用，尤其现在中餐摆台在职业院校技能比赛中作为展示专业技能，作为提升酒店从业人员专业素养的重要考核因素之一，是我们必须掌握的重要专业技能。

表 3-5 中餐摆台实训步骤及标准

程序/项目	标准
1. 准备工作	将所需要的餐具分类领取并摆放在工作台上，要求规范有序，摆放合理，方便操作。
2. 铺台布	（1）站在主人位一侧，将椅子拉开，一次铺成； （2）台布中心凸缝朝上，且对准正副主人； （3）台布四周下垂部分均等，十字居中，铺台布动作规范。
3. 摆餐碟	从主人位开始，按顺时针方向摆放；餐碟距离桌边 1.5 厘米，餐碟间隔距离均等，相对餐碟与花瓶三点一线；操作时手拿边缘部分。
4. 摆味碟、汤碗、汤勺	味碟置于餐碟正上方，与餐碟相距 1 厘米，操作时手拿边缘部分。
5. 摆筷架、汤勺、牙签、筷子	筷架与味碟中心线在同一水平线上；从里往外依次摆放汤勺、牙签、筷子；筷子尾部距离桌边 1.5 厘米，正面朝上；筷子与餐碟中心线平行；如果有商标图案要向上，中文说明面对客人。
6. 摆葡萄酒杯、白酒杯	按照装盘原则将葡萄酒杯和白酒杯装盘，并按照摆放顺序及标准摆放在餐桌上，要求椅背、骨碟、葡萄酒杯纵向一条线。
7. 摆水杯	将折好的 10 种餐巾杯花分别摆入在餐桌上，要求突出正副主人位，五花五鸟交叉搭配摆放，动物类花型鸟头朝右，主人位除外。
8. 摆公用筷架、公用勺	公用勺、筷子摆放在正副主人的正上方；公用勺在下、筷子在上；公用勺、筷子尾部向右。
9. 摆花瓶、桌号牌、菜单	要求将公用筷架摆放在主人和副主人位水杯正上方，距离水杯杯肚下沿切点 3 厘米，依次放汤勺和筷子，筷子前端超出筷架 5 厘米左右；服务员在第三主宾位右侧或第四主宾位左侧上花瓶和桌号牌，桌号牌正对副主人位。
10. 摆放餐椅	从第一主宾、二宾、主人位的顺序拉椅，之后再顺时针方向进行拉椅让座；椅子前沿距下垂台布 1 厘米，椅子之间距离均等。

【检测反馈】

表 3-6　抖铺台布评分表

项目	分数	要求和标准	细节配分	得分
准备工作	2	仪容仪表	1	
		操作卫生	1	
铺台布	6	站在主人位右侧,将椅子拉开,几种铺法任选一种,5秒内一次性到位,每超1秒扣1分,重复一次扣1分,用手大面积接触台布扣1分。	3	
		正面朝上,中线居中,对准正副主人。	2	
		台布下摆均匀。	1	
总体印象	2	操作规范,动作娴熟,优雅。	2	
合计		10		

表 3-7　中餐宴会摆台评分表

项目	操作程序及标准	分值	扣分	得分
准备工作台(10分)	按照规定的时间完成。	3		
	工作台面整理摆放合理、科学。	3		
	操作安全、卫生。	4		
台布、装饰布(8分)	拉开主人位餐椅,在主人位铺台布和装饰布。	2		
	可采用抖铺式、推拉式或撒网式铺设装饰布、台布,要求。一次完成;若需第二次完成扣0.5分,两次未完成不得分。	2		
	装饰布平铺在餐桌上,正面朝上,台面平整下垂均等。	2		
	台布正面朝上,铺在装饰布上;定位准确,中心线凸缝向上,且对准正副主人位;台面平整,台布四周下垂均等。	2		

项目	操作程序及标准	分值	扣分	得分
餐碟定位（9分）	手拿餐碟边缘部分，从主人位开始一次性定位摆放餐碟。	3		
	相邻两餐碟间距相等，餐碟边距桌沿1.5厘米。	3		
	拿碟手法正确（手拿餐碟边缘部分）、卫生、无碰撞。	3		
汤碗、汤勺、味碟（9分）	汤碗摆放在餐碟左上方1厘米处，汤勺放置汤碗中，勺把朝左。	3		
	味碟摆放在汤碗的右侧，与汤碗相距1厘米。	3		
	两者间距离的中点在经过餐碟圆心的台面直径上，汤碗、味碟的圆心及汤勺的中轴线在一水平线上。	3		
筷架、席面羹、筷子、牙签（12分）	筷架摆在味碟右边，其横中线与汤碗、味碟横中线在同一条直线上，筷架左侧纵向延长线与餐碟右侧相切。	3		
	席面羹、筷子搁摆在筷架上，筷尾的右尾端距桌沿1.5厘米。	3		
	筷套正面朝上。	3		
	牙签位于席面更和筷子之间，牙签套正面朝上，底部与席面羹齐平。	3		

续表

项目	操作程序及标准	分值	扣分	得分
葡萄酒杯、白酒杯、水杯（10分）	葡萄酒杯摆放在汤碗和味碟之间距离的中点向上延长线上（经过餐碟圆心的台面直径上），白酒杯摆在葡萄酒杯的右侧，水杯位于葡萄酒杯左侧，手拿杯柄摆放。	4		
	三杯杯肚间隔1厘米，三杯杯底中点成一水平直线。水杯待杯花折好后一起摆上桌，杯花底部应整齐、美观，落杯不超过2/3处。	4		
	摆杯手法正确（手拿杯柄或中下部）、卫生。	2		
公用餐具（4分）	公用筷架摆放在主人和副主人餐位水杯正上方，距杯底3厘米。先摆放杯花，再摆放公用餐具。	2		
	先勺后筷顺序将公勺、公筷搁摆于公用筷架之上，勺柄、筷子尾端朝右。	2		
餐巾折花（12分）	花型突出正、副主人位，整体协调；	2		
	有头、尾的动物造型应头朝右（主人位除外）；巾花观赏面向客人（主人位除外）；	2		
	巾花种类丰富、款式新颖；巾花挺拔、造型美观、花型逼真，落杯在2/3处；	2		
	操作手法卫生，不用口咬、下巴按、筷子穿。	2		
	折叠手法正确、一次性成形。杯花折好后放于水杯中一起摆上桌。	2		
	手不触及杯口及杯的上部。	2		
菜单、花瓶和桌号牌（4分）	花瓶摆在台面正中。桌号牌摆放在花瓶正前方、面对副主人位。	2		
	菜单摆放在正副主人的筷子架右侧，位置一致，菜单右尾端距离桌边1.5厘米。	2		

项目	操作程序及标准	分值	扣分	得分
拉椅让座（4分）	拉椅：从第一主宾位开始，座位中心与餐碟中心对齐，餐椅之间距离均等，餐椅座面边缘距台布下垂部分1厘米。	2		
	让座：面带微笑、注视宾客，手势正确，体现礼貌。	2		
托盘（4分）	用左手胸前托法将托盘托起，托盘位置高于选手腰部，姿势正确。	2		
	托送自如、灵活。	2		
综合印象（14分）	台面摆台整体美观、便于使用、具有艺术美感。	4		
	操作过程中动作规范、娴熟、敏捷、声轻、姿态优美，能体现岗位气质。	10		
合计		100		
操作时间： 分 秒 超时： 秒 扣分： 分				
物品掉落、物品碰倒、物品遗漏： 件 逆时针： 次 扣分： 分				
实际得分				

任务四 酒水服务的技巧

【任务引入】

某天，白玫瑰大酒店中餐厅来了几位客人就餐，并自带了酒水饮料。菜上齐，实习生小王看到客人的酒水是飞天茅台，价格比较昂贵，在准备斟酒的时候很是小心翼翼。坐在最中间的主人和主宾正为合作事宜相谈甚欢，小王站在两个人中间，对主宾的客人说："打扰一下先生，给您倒酒。"客人倍感不悦，在斟倒的过程中，由于速度过快有几滴洒在餐桌上，客人很生气说："你洒落的每一滴都合到百元，你会不会倒酒？"小王连忙道歉……

【任务分析】

酒水服务是餐饮服务工作的重要内容之一，斟酒操作的动作是否正确、迅速、姿态优美，规范，就需要掌握斟酒的程序、开启方法、斟酒标准以及在适当场合斟酒顺序的灵活运用。

【知识链接】

酒水服务是餐厅服务工作中一项基本的服务技能，由于酒水的品种繁多，饮用要求的温度、盛载的杯具和服务都不尽相同，因此服务员应熟记所售酒水的度数、价格、香型、产地、种类，熟练掌握中餐厅酒水服务技能，才能真正向客人提供优质服务。

一、准备酒水

（一）冰镇（降温）

1. 冰镇的目的。许多酒水的最佳饮用温度是低于室温的，如啤酒的最佳饮用温度为4℃—8℃；白葡萄酒的最佳饮用温度为8℃—12℃；香槟酒和有汽葡萄酒的最佳饮用温度是4℃—8℃。

2. 冰镇的三种方法

（1）冰箱冷藏法。

（2）冰块冰镇法。

（3）溜杯。

（二）温烫（升温）

1. 温烫的目的

需要在常温以上饮用效果更佳的酒，如黄酒、加饭酒、日本清酒以及某些鸡尾酒的饮用。

2. 温烫的四种方法

（1）水烫：将酒液倒入温酒壶，放入热水中，以水为媒介的加热方法。

（2）烧煮：将酒液倒入耐热器皿，直接放置于火上的加热方法。

（3）燃烧：将酒液倒入杯后，将杯子置于酒精液体内，点燃酒精加热的方法。

（4）注入：将热饮注入酒液或将酒液注入热饮中升温的方法。

水烫和燃烧一般是当着客人的面操作。

二、示瓶

示瓶是向客人展示所点的酒水。当客人点完酒之后，服务员为客人开单后到吧台领取，注意酒水外包装是否完整、瓶盖是否完好；同时在工作台上擦净瓶身瓶口，检查酒水质量，发现过期、变质、有混浊悬浮物、沉淀物应立即更换；然后就进入斟酒程序，而示瓶是斟酒服务的第一道程序，它标志着服务操作的开始。

（一）目的

一是对客人表示尊重，请客人确定所点酒水无误；二是征询客人开酒瓶及斟酒的时间，以免出错。

（二）示瓶的操作要求

标准站姿于主人右侧上身前倾30度，左手托瓶底右手扶瓶颈，商标朝向客人，同时说明品种、度数、价格，礼貌地问客人是否现在开酒。

图 3-65　示瓶

（图片来源：https：//image. baidu. com/）

如果是红葡萄酒示瓶，需按以下方式示瓶：

1. 服务员右手拿起装有红葡萄酒的酒篮，走到宾客座位的右侧，另外取一个小碟子放在宾客餐具的右侧，用来放开瓶后取出的木塞。

2. 服务员右手持酒篮，左手轻托住酒瓶的底部，倾斜45度，商标向上，请宾客看清红葡萄酒的商标，并询问宾客是否可以立即开瓶。

三、开瓶

酒瓶的封口通常有瓶盖和瓶塞两种。

（一）正确使用开瓶器

餐厅常用开瓶器（见图如下）：

图 3-66　多功能型

图 3-67　翼型

（二）开瓶时动作轻，尽量减少瓶体的晃动

开启软木塞瓶盖时，如出现断裂危险，可将酒瓶倒置，利用酒液的压力顶住软木塞，同时再转动酒钻拔出软木塞。

（三）开启瓶塞后，要用干净的布巾擦拭瓶口

如软木塞发生断裂的，还应擦拭瓶口内侧，以免残留在瓶口的木屑顺着酒液被斟入客人的酒杯中。开启瓶塞后检查瓶中酒液是否有质量问题，也可以通过嗅闻瓶塞插入酒瓶部分的气味是否正常来判断。

（四）随手收拾开瓶后留下的杂物

开瓶后的封皮、木塞、盖子等杂物，不要直接放在桌面上，应养成随手收拾的好习惯。

总之，在开瓶这个环节中一般要求白酒尽量当客人面开、红酒备餐台上开，拭擦瓶口后倒入醒酒器或分酒器（注意瓶底的沉淀物沥出），啤酒、苏打水和带气的饮料开启时不能朝向客人和自己（外侧无人处）。

四、斟倒酒水

（一）斟酒的姿势与位置

斟酒一般分为徒手斟酒和托盘斟酒。

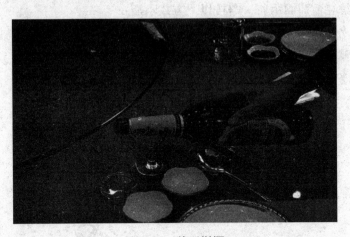

图 3-68　徒手斟酒

1. 右脚前跨，踩在两椅子之间，重心移至右脚，身体微前倾，两脚呈 T 字形站立。

2. 右手持酒瓶的下半部，商标朝向客人，右手持瓶靠近杯口，但不靠在杯口上。

3. 徒手斟酒时，左手持干净的餐巾布并背于身后，每斟倒一次擦拭一次

瓶口；托盘斟酒时，左手托托盘，餐巾布搭在手腕处或折成条形固定在瓶口，斟酒时托盘的左手自然拉开甩盘，注意掌握好托盘的重心。

4. 斟倒时酒液徐徐注入酒杯内，当杯中酒斟倒适度时，控制流量并旋转瓶身100—180度角，然后向上抬起小手臂，做到一滴不洒。注意抬起小手臂时不要碰到旁边客人。

（二）斟酒量的控制

1. 白酒斟酒量为八成。

2. 红葡萄酒斟 1/2 杯，白葡萄酒 2/3 杯，威士忌等斟 1/6 杯为宜。

3. 香槟会起泡沫，所以分两次斟倒，先斟 1/3 杯，待泡沫平息后再斟 1/3 杯，共斟 2/3 杯。

4. 啤酒同样分两次斟倒，斟倒完毕时，酒液占八分，泡沫占两分为最佳。

（三）斟酒的顺序

1. 中餐宴会斟酒时间及顺序

中餐宴会一般是从主宾位置开始，按顺时针方向进行斟酒服务，也可根据客人需要从年长者或女士开始斟倒。正式宴会一般提前 5 分钟，由服务员将烈性酒和葡萄酒斟倒好，当客人入座后再斟倒饮料。若是两名服务员同时操作，则一位从主宾开始，另一位从主宾对面的副主宾开始，均按顺时针方向进行。

2. 西餐宴会斟酒顺序

西餐用酒较多也较讲究，比较高级的西餐宴会一般要用 7 种酒左右，菜肴和酒水的搭配必须遵循一定的传统习惯，菜肴、酒水和酒杯的匹配都有严格规定。西餐宴会应先斟酒后上菜，斟酒的顺序是先宾后主，女士优先。

五、注意事项

（一）为客人斟酒瓶口不可碰杯口，以相距 1—2 厘米为宜，酒瓶也不可拿得过高，以防酒水溅出杯外。

（二）要根据瓶内酒水的量掌握好酒瓶的倾斜度，使酒液缓缓注入酒杯，做到不滴不洒、不少不溢，不可斟倒太满，倒好后慢移瓶口向内侧转 45 度防止酒外滴，每次拭擦瓶口。

（三）当因操作不慎，将杯子碰倒时，立即向客人表示歉意，同时在桌面酒水痕迹处铺上干净的餐巾，因此要掌握好酒瓶的倾斜度。

（四）因啤酒泡沫较多，斟倒时速度要慢，让酒沿杯壁流下，这样可减少泡沫。

（五）当客人祝酒讲话时，服务员要停止一切服务，站立在适当的位置上，不可交头接耳，要随时注意并保证每个客人杯中都有酒水；讲话即将结束时，要向讲话者送上一杯酒供祝酒之用。

（六）主人离位或离桌去祝酒时，服务员要托着酒紧跟随主人身后，以便及时给主人或其他客人续酒；在宴会进行过程中，看台服务员要随时注意每位客人的酒杯，见到杯中酒水只剩下 1/3 时，应及时添酒。也可将酒分至各分酒器中，客人根据需要自己用分酒器添加酒水。

（七）斟酒时应站在客人的右后侧，进行斟酒时脚呈"大丁字步"姿势，切忌左右开弓进行服务。

（八）手握酒瓶的姿势。首先要求手握酒瓶中下部，商标朝向客人，便于客人看到商标，同时可向客人说明酒水特点。

【检测反馈】

李先生给自己父亲庆祝 60 大寿，邀请亲朋好友到国际酒店用餐，并点了一瓶茅台酒，请练习酒水服务。

表 3-8　酒水服务考核评价表

考核项目	应得分	扣分	考核项目	应得分	扣分
点酒	8		服务时机与节奏	7	
酒水展示	8		服务方法得当	8	
开瓶	10		斟酒标准	12	
斟酒顺序	10		斟酒站位	8	
服务态度	9		整体印象	8	
斟酒姿势	12				
总成绩					

任务五　菜肴服务的讲究

【任务引入】

台湾的王先生首次来大陆投资。一天，王先生在有关部门人员的陪同下，来到广州某大酒店用餐。初次来大陆投资的王先生兴致很高，席间谈笑风生，十分活跃。就在这时，服务员上菜，一不小心将王先生的筷子碰落到地下，立刻，王先生就沉下了脸，不高兴地说："你怎么搞的?"在座的其他客人也说："你小心点!"服务员出了事故又受到了责备，很不安，连忙道歉。可是王先生生气地说："筷子落地是名落孙山，不吉利!"服务员见客人生了气，就慌了，一上汤，啪一声，又把客人的小瓷勺掉到地下，摔了个粉碎。这下客人急了，恼怒地说："你怎么搞的? 又把我的勺子摔碎了，真晦气!"服务员见自己捅了两个娄子，慌了神，不知所措地站在那里……

【任务分析】

针对案例出现的情况可以看出，服务员没有掌握菜肴服务的技能，所以对客服务中出现了这么多的问题，菜肴服务包括上菜和分菜，上菜在哪上? 怎么上? 分菜需要注意什么问题，这些都是需要重点掌握的内容。

【知识链接】

一、点菜服务

（一）准备工作

要熟悉本店菜单，对本酒店提供的菜品特点、种类、原料、价格、分量、制作方法、菜品的营养价值、食疗作用要做到心中有数。

（二）位置及要求

1. 服务人员要面带微笑，一般站于点菜客人右后侧距离客人50厘米处，双手呈递菜单。

2. 点菜如果必要上前介绍时用标准礼仪手势，仔细听详细记录，回应客人问询协助给出参考意见，客人点餐完毕服务员要重复，告诉客人上菜大致时间，及时下单，注明等叫或即起。

3. 要了解客人宴会性质（婚宴、家庭聚餐、同学聚会、商务宴请、政务接待）。

4. 了解客人的风俗习惯，生活禁忌，宗教信仰，口味特点，特殊要求; 介绍产品时注意照顾老人小孩、女士、素食的口味。

5. 点完菜后注意菜单与客人确认无误后方可下单，注明等叫或即起。

（三）点菜的基本原则

尊重客人意愿、参考消费标准，关注客人需要和爱好，随时为客人解疑; 注意品种、营养、颜色、器皿、口味、烹调方法搭配（南甜、北咸、东辣、西酸）; 注意季节品种的调整（春酸、夏苦、秋辣、冬咸）。

（四）点菜注意事项

1. 如果客人点的菜品没有时，立即向客人道歉："实在对不起，这道菜刚刚买完，现在有某某品种您看可以吗?"

2. 如果客人点了相同类的菜，要提醒客人是否换其他菜，避免重复。

3. 关心客人点菜数量及时提醒。

4. 如果客人有时间要求或赶时间要掌握好所点菜式的时间和上菜速度；

二、上菜服务

（一）上菜位置

严禁从主人和主宾之间上菜，一般从翻译、陪同或副主人位的右侧上菜，如果有老人、小孩的除外，空位也可作上菜口，上菜口不随意更换。

（二）上菜一般顺序

中餐上菜的顺序为：冷盘→炒菜 →大菜→汤菜→炒饭→面点→水果。注意遵照客人需求和实际需要以及菜品到达的具体情况。

（三）上菜时注意姿势和声音

轻稳、不推不拖、不发出声响，声音甜美适中报菜名，右手手势，顺时针转盘，附简单的菜品介绍并说"请及时品尝或慢用"。

（四）摆菜注意

凉菜双数讲究对称，注意荤素颜色，单数讲究造型，三角、梅花、五角均可，上热菜时注意搭配，凉菜不能一边倒，保持美观，有头尾菜的要注意三不献，即"鸡不献头、鸭不献掌、鱼不献脊"。

（五）上菜规范

餐单里有鲤鱼、鱼翅、参、鱼肚、浓汁类菜时一般要有果醋和清口菜，有小料和佐料的菜要先上小料或佐料，放在菜品的右上角并知会客人。

（六）合盘并菜

菜多平摆不下时，要合理并盘，礼貌地征询客人意见，能请客人享用的及时分到客人盘里，其余将同类菜肴并盘或换小盘，要注意规范、干净利索，更要注意客人后边的菜还有多少再进行此项工作。

（七）上菜注意事项

1. 掌握好上菜时机，以不打扰到客人为好。

2. 如有特色需要向客人介绍亦要看客人氛围是否允许，检查客人的菜单对照一遍。

3. 菜上齐后要友好地告知客人，"您的菜已上齐，请慢用，有需要随时吩咐"。

4. 点主食和上主食的时间把握好，随时观察和沟通。

三、中餐分菜服务

分菜之前要向客人介绍该菜的名称、风味，介绍后再进行分菜。

（一）分菜工具

分菜的基本工具有分菜叉、分菜刀、服务勺、公筷和长柄汤勺。

（二）方法

可分为当桌分菜和旁桌分菜。分菜叉勺的用法：右手握住叉和勺把的后部，右手食指插在勺把和叉把之间，与拇指配合握住叉把，其余三指控制勺把，无名指、小指起稳定作用，中指支撑勺把中部。分带汁的菜肴时，用服务勺盛汁。

一般可采用以下两种方法（图3-69，图3-70）。

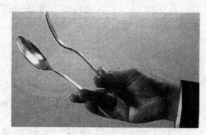 

图 3-69　握柄式　　　　　　　　　　图 3-70　夹柄式

（三）顺序及要求

将最优的部分分给主宾，其他根据主次依次进行，最后要留1/3富余，单品除外。

操作时分菜要掌握好数量，做到邻座一个样、先分后分一个样，有卤汁的菜肴分菜要带卤汁，做到一勺准、一叉准、一勺一位。

分鱼，鱼头、鱼尾放一起，肉放中间，征询主人意见如何分配或请问客人是否需要鱼头或鱼尾。

接任务引入案例：

这时餐厅经理及时赶来说："先生，实在抱歉，给您添了麻烦。"赶快让服务员给客人换上新餐具，将摔碎的餐具收走。并对客人说："先生，您不要生气，这是喜兆。""这是喜兆？"客人满脸疑惑地问，经理说："筷落筷落就是快快乐乐，您的生意一定会顺顺利利，快快乐乐。"王先生说："啊，是这个意思呀，那勺子打碎了你如何解释？""勺子碎了这叫岁岁平安，您的投资一定会平平安安，您想这不是喜兆吗？"王先生的脸上有了喜色，回过头来问其他客人："真有这种说法吗？"大家说："不错，民间是有这种说法，您该高兴才是呀!"王先生的脸上露出了笑容:"啊,好,好,这么说今天是个好日子,借经理吉言,咱们干杯。"王先生举起杯来,其他客人纷纷举杯祝王先生生意兴隆,就这样,宴会又恢复了欢快的气氛。

整个就餐过程中,菜肴服务水平的高低对于客人评价酒店的服务质量优劣是起至关重要的作用,客人到酒店的目的就是体验那种满意加惊喜的优质菜肴服务,所以这项技能在服务过程中起着非常重要的作用。

表3-9 上菜服务实训步骤及标准

项目训练	操作规范	质量标准或要求
上菜前准备工作	1. 核对菜品、菜量、客人特殊要求与菜单是否相符; 2. 配备相应的服务用具; 3. 先上冷菜,再上热菜,后上汤,最后上鱼。	认真核对,准确无误。
上冷菜	1. 在客人到达房间后,及时通知传菜员将冷菜传来; 2. 站立于主陪右后侧,左手托盘,右手将菜盘轻放于转盘或桌面上,按顺时针方向轻轻转动转盘; 3. 先上调料,后上冷菜,视情况报菜名。	1. 冷菜盘均匀分布于转盘上,距转盘边缘2厘米; 2. 荤盘、素盘以及颜色合理搭配。
上热菜	1. 在上前四道菜时,要将菜盘均等放于转盘上; 2. 若上手抓排骨类菜肴,提供一次性手套;上刺身菜品,将辣根挤出1.5厘米放于调味碟内,倒入适量酱油或醋;上海鲜时,提供洗手盅;上高档原料菜品,要听取客人意见并及时反馈; 3. 若分餐,右脚在前,站于陪客人右后侧,将菜品放于转盘上,转于主宾处,伸手示意,报菜名,介绍完毕,拿到备餐台,为客人分餐; 4. 根据客人用餐情况及时与厨房协调,合理控制上菜速度。 5. 菜上齐时,告诉客人"菜已上齐"。如发现菜肴不够或客人特别喜欢的菜,征得客人同意予以加菜。	1. 报菜名,说普通话,声音适中,菜品观赏面朝向主宾。保证菜品温度,上菜不出现摆盘现象; 2. 上菜动作迅速,保持菜型美观; 3. 每道菜肴吃了3/4时,可为客人更换小菜盘; 4. 对于特色菜,主动介绍菜品知识和营养价值。

项目训练	操作规范	质量标准或要求
上特殊热菜 （螃蟹、炖盅）	1. 站立于主陪右后侧，调整桌面，然后双手将盘放于转盘或桌面上，菜品观赏面转向主人与主宾之间位置，后退半步报菜名，并伸手示意"请用"； 2. 上蟹时，同时配备调料、蟹钳和洗手盅，并介绍洗手盅的用途； 3. 上炖盅时，从主宾开始，将炖盅放于客人的右侧，揭开盖子，放入汤匙，并报菜名。	1. 服务用具和调料配备齐全，注意客人动作，避免汤汁洒到客人身上； 2. 报菜名时口齿清晰、音量适中、用语准确。
上汤	1. 站立于主陪右后侧，调整桌面，然后双手将汤放于转盘上，后退半步报菜名，伸手示意征询客人，"先生/小姐，是否需要分汤？"； 2. 若需要，将汤放于旁边的桌子上，分好后将汤碗放到托盘上，站于每位客人的右侧，再将汤碗放到桌面上，伸手示意"请用"； 3. 若不需要，伸手示意"先生/小姐，请用"。	盛汤均匀，不洒、不外溅，盛汤不宜太满。
上鱼	1. 站立于副陪右后侧，调整桌面，然后双手将鱼匙放于转盘上，将观赏面轻轻转到主人与主宾之间位置，后退半步报鱼名，然后征询客人意见是否需要剔鱼骨； 2. 若需要，将鱼匙拿到备餐台，左手拿叉，右手拿分餐刀，将鱼身上配料用刀叉移到一边，用分餐刀分别将鱼头、鱼鳍、鱼尾切开，再顺鱼背将上片鱼一分为二，将鱼肉向两侧轻轻移动，剔除鱼骨，用刀叉将鱼肉复位，并将鱼的整体形状进行整理，端到餐桌上，伸手示意，"先生/小姐，请用"。	不要将鱼肉弄碎，保持鱼肉的形状完好。
上主食	1. 上最后一道菜时，告知客人菜已上齐。若客人已点主食，征询客人"先生/小姐，现在是否可以上主食？"； 2. 若客人未点主食，征询客人"先生/小姐，请问用点什么主食？"下单后，根据客人的要求，尽快将主食上到餐桌上。	认真核对主食是否与菜单上相符；适时进行二次推销，保证主食适宜的温度。

续表

项目训练	操作规范	质量标准或要求
上水果	1. 在客人主食上齐之后，征询客人"先生/小姐，现在是否可以上水果?"； 2. 在征得客人同意后，先整理桌面，更换骨碟，然后将果盘放于离转盘边缘2厘米处，转到主人和主宾之间，或放于餐桌中间。	保持果盘完整、美观。
上菜特殊情况处理	1. 菜品中若吃出异物，或菜品未按标准做，先向客人道歉，根据客人要求，做退菜处理，或立即撤下菜肴，通知厨房重做； 2. 换菜。当客人对菜肴口味提出异议时，先向客人道歉，并征询客人"先生/小姐，此菜是否要换?"征得客人同意后，立即撤下，并通知厨房重做； 3. 缺菜。应向客人道歉，并委婉说明情况，同时向客人推荐类似菜肴； 4. 上错菜。若客人未用，需征询客人意见是否需要，如不用，向客人表示歉意，撤下菜肴；如客人已动筷，向客人说明情况，致歉，并征求客人是否可作加单处理。	语气委婉，态度诚恳，耐心向客人解释，不与客人争吵。

【检测反馈】

将一份300克的凉拌土豆丝均匀分给5位客人，余留一份。

表 3-10　上菜服务考核评价表

考核项目	应得分	扣分	考核项目	应得分	扣分
上菜前准备	8		上菜时机与节奏	7	
上菜程序	8		服务方法得当	8	
上菜原则	10		操作规范	12	
上菜位置	10		特殊情况处理	8	
服务态度	9		整体印象	8	
报菜名	12				
总成绩					

任务六　其他技能

【任务引入】

春节临近的街道上、小巷里，到处都张挂着对联、彩灯、灯笼……过年的气息越来越浓，这一段喜庆的日子，也是酒店的高峰期。酒店接到了越来越多的预订，预订电话也成了一首好听的韵律曲。小冉这次接待的是旅游团，包房里时常传出人们的谈论声、嬉笑声。饭局接近尾声，客人对小冉的服务和菜肴质量很是满意。小冉为他们递上了账单，旅游团负责人选择了签单结账，买单后，人们纷纷离座回到了酒店房间。

客人走后，小冉开始收拾餐具，整理宴会现场，一时忘记了将账单挂到客人账户上，而客人回到房间后便收拾行李匆匆赶赴机场离开了。等小冉发现时饭款已无法追回，这一后果只能小冉自己承担了。

【任务分析】

这个案例是服务过程中有关跑单的案例，在对客服务过程中，我们要眼观六路、耳听八方，随时关注客人可能传递的服务需求信息，但是也要关注即将就餐完毕的客人，及时询问是否加餐、是否需要结账，以免跑单。其实在对客服务过程中，从客人到酒店就餐前的预订服务，到客人入店后的客到迎宾服务、引领入座服务、茶水服务、展示菜单、递铺餐巾、撤换餐具、结账等涉及很多其他技能，无论哪个环节出现问题，都会使有服务大打折扣，为了不出现100-1≤0的情况，那我们就要用心掌握每一项对客服务技能，才能让客人高兴而来、满意而归。

【知识链接】

一、电话预订

1. 电话铃响三声以内迅速接听、问好并报餐厅名称。

2. 中餐厅接听订座电话要了解人数、就餐时间、订餐人姓名、联络方式和特别要求等事项。

3. 重复客人预订内容，请客人确认，并尽量告知宾客餐桌号或包间名，需要时告知宾客保留餐位到何时间。

4. 礼貌致谢。

5. 等客人挂电话后再放下电话。

6. 做好笔录并落实。

二、迎宾接待

1. 礼貌热情问候，询问客人是否有预定，如有即准确带到预定位置，交接于服务员并协助挂衣帽、拉椅让座，合理安排位置。

2. 当面预定，一定让客人感觉亲切友好和尊重，根据客人人数和喜好选择适合的包房，记清楚客人信息，姓名、单位、人数、就餐时间、用餐标准和方式，有无特殊要求，联系电话确认后，礼貌送客人离开，同时感谢其选择与信任。

三、引客入座

1. 使用标准站姿和手势，辅助语言："这边请"，走在客人左前方 1~1.5 米，（平地）上楼侧身与客人交流提醒客人台阶，如有老人或小孩上楼走在后，下楼走在前。

2. 如有轮椅或上台阶行动不方便（残疾）的客人通过电梯进入包房，事先和二楼沟通好，注意电梯使用事项及通道安全。

3. 客人提有手提物品时主动询问是否需要帮忙，客人同意后方可。

4. 不嘲笑不使用讽刺性语言，不议论奇装异服和有失误的客人。

5. 主动帮客人挂衣帽，同时尽可能记住每位客人衣服特征，尤其是主人和主宾的，按座次要求拉椅让座，注意拿椅子的正确姿势与准确入座的程度。

6. 有幼儿时主动询问是否需要宝宝椅，有儿童自己玩耍时提醒孩子和父母注意安全。

四、茶水服务

1. 礼貌征询客人意见，报茶名及价位供客人选择，听清后回答，"好的，马上取，请您稍候"。（最好请人帮忙，因客人刚来时需求比较多不便离开）

2. 斟茶顺序：从主宾右侧开始，按顺时针将所有客人的茶斟满，并使用礼貌用语，"小心烫""请慢用"。任何时候都要先看主宾与主人需求。重要客人可两人同时进行，茗茶、观赏茶需杯泡。

3. 茶水七分满，注意手不能接触杯口，不能摸茶壶口；茶壶嘴不能对准客人，茶倒好后茶壶放在接手桌或酒水车上。

五、小毛巾服务

1. 客人入座后，提供第一次小毛巾服务。

2. 将保温箱内折叠好的小毛巾放入毛巾托内，用托盘递上，并道"请用毛巾"。根据餐具摆放和各餐厅规范，可以将毛巾放在客人右侧、左侧或两个毛巾托并排放在两位客人餐具之间，以避免拿错毛巾。

3. 客人用过后，将小毛巾撤走或换掉。

4. 客人用餐中可随时提供毛巾服务，客人用完餐后，再次提供小毛巾服务。

六、递铺餐巾

1. 客人入座后，值台服务员应上前为客人递铺餐巾。

2. 一般在客人右侧递铺，如不方便也可在客人左侧操作。

3. 操作时，站在客人右侧拿起餐巾，轻轻打开，并注意右手在前、左手在后，将餐巾轻轻铺在客人腿上。

4. 当需要在客人左侧操作时，应左手在前、右手在后，以免胳膊碰撞客人胸部。

5. 中餐厅还可以将餐巾一角压在骨碟下，以免滑落。

七、展示菜单

1. 咨宾在开餐前应认真检查菜单，保证菜单干净、整洁。

2. 咨宾应根据客人人数，拿取相应数量的菜单。

3. 当客人入座后，咨宾打开菜单第一页，递给主人。

4. 如果不能确认谁是主人，可征询宾客意见后，再递上菜单。

5. 介绍当日厨师长特别推荐的菜肴。

6. 服务员订餐完毕后，应将菜单收回，由咨宾取回放置到迎宾台。

八、撤换餐具

（一）撤换情形

中餐零点餐厅撤换餐具的次数要看具体情况而定。

1. 带壳、带骨的菜肴，如盐水鸭、基围虾和螃蟹等菜肴用后需更换干净的骨碟。

2. 带糖醋、浓味汁的菜肴需更换骨碟。

3. 汤碗应用一次换一次。

4. 上名贵菜肴前应更换餐具。

5. 菜肴口味差异较大时应更换餐具。

6. 上甜品、水果前要更换餐具。

（二）撤换方法

1. 在客人右边进行服务，左手托盘，右手先撤下用过的骨碟，然后送上干净的骨碟。

2. 从主宾开始顺时针方向绕台进行。

3. 对个别客人没有用完的骨碟，可先送上一只干净的骨碟，再根据客人意见撤下前一只骨碟。

4. 托盘要稳，物品堆放要合理。

5. 尊重客人的习惯。

九、结账服务

（一）现金

1. 当客人用餐完毕后示意结账时，服务员应立即到收银台取出账单，仔细核对，并用账单夹或收银盘递送账单给客人。

2. 不主动报账单总金额。

3. 客人付现金后，应礼貌致谢，并将现金用账单夹或收银盘送到收银台办理结账手续；然后将找回的零钱和发票用收银夹或收银盘送交客人，请客人当面点清。

4. 再次致谢。

（二）信用卡

1. 当客人示意结账时，准备账单，仔细核对，用账单夹或收银盘递送账单给客人。

2. 确认客人使用的外币信用卡是本酒店接纳的，检查持卡人姓名、信用卡有效期、持卡人本人身份证（需要时出示）等，并向客人致谢。

3. 将信用卡、身份证和账单递交收银台。

4. 收银员再次检查信用卡有效期、持卡人姓名、身份证，确认无误后，请客人输入信用卡密码，直接办理结账手续。如果客人的账单总数超过信用卡公司规定的金额额度，则需要信用卡公司授权。如果是借记卡，直接请客人输入密码，办理结账手续。

5. 请客人确认账单金额，并在签购单持卡人签名处签名。

6. 核对客人签名是否与信用卡背后签名相同。

7. 将持卡人存根联、信用卡、身份证和发票交还客人。

8. 再次礼貌致谢。

（三）支票

1. 客人示意结账时，服务员按规范将账单递给客人。

2. 核对支票有效期限，请客人出示有效证件，检查支票的有关印章、电脑密码等，请客人告知联络电话，并礼貌向客人致谢。

3. 送交收银员办理结账手续,如填写支票,记下客人的证件号码和联系电话。

4. 将支票存根、有关证件和发票送还客人。

5. 再次诚恳致谢。

（四）签单

1. 当客人示意结账时,迅速备账单并按规范递送。

2. 客人出示"欢迎卡"或"协议签单证明"时,服务员应递上笔,并核对"欢迎卡"或"协议签单证明"。

3. 请客人在账单上填写房间号码和用正楷签名,或填清协议单位和正楷签名。

4. 客人签完后须将账单的第一联、第二联交给收银员核对。

5. 收银员将住店客人账单正本留存,第二联交总台,以便客人离店时付清。协议签单客人账单的第二联交财务部,由财务部定期同协议签单单位结账。

【检测反馈】

分别为到店的 6 位客人提供其他技能。

表 3-11　其他技能考核评价表

内容	标准及要求	分值	得分
电话预订	1. 三声以内迅速接听、问好并报餐厅名称。 2. 中餐厅接听订座电话要了解人数、就餐时间、订餐人姓名、联络方式和特别要求等事项。 3. 重复客人预订内容,请客人确认,并尽量告知宾客餐桌号或包间名,需要时告知宾客保留餐位到何时间。 4. 礼貌致谢。 5. 等客人挂电话后再放下电话。 6. 做好笔录并落实。	10	
迎宾接待	1. 礼貌热情问候,询问客人是否有预定,如有,即准确带到预定位置,交接于服务员并协助挂衣帽、拉椅让座,合理安排位置。 2. 当面预定,一定让客人感觉亲切友好和尊重,根据客人人数和喜好选择适合的包房,记清楚客人信息,姓名、单位、人数、就餐时间、用餐标准和方式,有无特殊要求,联系电话确认后,礼貌送客人离开,同时感谢其选择与信任。	10	

内容	标准及要求	分值	得分
引客入座	1. 使用标准站姿和手势，这边请，走在客人左前方 1~1.5 米，（平地）上楼侧身与客人交流提醒客人台阶，如有老人或小孩上楼走在后，下楼走在前。 2. 如有轮椅或上台阶行动不方便（残疾）的客人通过电梯进入包房，事先和二楼沟通好，注意电梯使用事项及通道安全。 3. 客人提有手提物品时主动询问是否需要帮忙，客人同意后方可。 4. 不嘲笑不使用讽刺性语言，不议论奇装异服和有失误的客人。 5. 主动帮客人挂衣帽、同时尽可能记住每位客人衣服特征，尤其是主人和主宾的，按座次要求拉椅让座，注意拿椅子的正确姿势与准确入座的程度。 6. 有幼儿时主动询问是否需要宝宝椅，有儿童自己玩耍时提醒孩子和父母注意安全。	10	
茶水服务	1. 礼貌征询客人意见，报茶名及价位供客人选择，听清后回答，"好的马上取，请您稍候"。（最好请人帮忙，因客人刚来时需求比较多不便离开） 2. 斟茶顺序：从主宾右侧开始，按顺时针将所有客人的茶斟满，并使用礼貌用语，"小心烫""请慢用"。任何时候都要先看主宾与主人需求。重要客人可两人同时进行，茗茶、观赏茶需杯泡。 3. 茶水七分满，注意手不能接触杯口，不能摸茶壶口；茶会嘴不能对准客人，茶倒好后茶壶放在接手桌或酒水车上。	10	
小毛巾服务	1. 客人入座后，提供第一次小毛巾服务。 2. 将保温箱内折叠好的小毛巾放入毛巾托内，用托盘递上，并道"请用毛巾"。根据餐具摆放和各餐厅规范，可以将毛巾放在客人右侧、左侧或两个毛巾托并排放在两位客人餐具之间，以避免拿错毛巾。 3. 客人用过后，将小毛巾撤走或换掉。 4. 客人用餐中可随时提供毛巾服务，客人用完餐后，再次提供小毛巾服务。	10	

内容	标准及要求	分值	得分
递铺餐巾	1. 客人入座后，值台服务员应上前为客人递铺餐巾。 2. 一般在客人右侧递铺，如不方便也可在客人左侧操作。 3. 操作时，站在客人右侧拿起餐巾，轻轻打开，并注意右手在前、左手在后，将餐巾轻轻铺在客人腿上。 4. 当需要在客人左侧操作时，应左手在前、右手在后，以免胳膊碰撞客人胸部。 5. 中餐厅还可以将餐巾一角压在骨碟下，以免滑落。	10	
展示菜单	1. 咨宾在开餐前应认真检查菜单，保证菜单干净、整洁。 2. 咨宾应根据客人人数，拿取相应数量的菜单。 3. 当客人入座后，咨宾打开菜单第一页，递给主人。 4. 如果不能确认谁是主人，可征询宾客意见后，再递上菜单。 5. 介绍当日厨师长特别推荐的菜肴。 6. 服务员订餐完毕后，应将菜单收回，由咨宾取回放置到迎宾台。	10	
撤换餐具	1. 在客人右边进行服务，左手托盘，右手先撤下用过的骨碟，然后送上干净的骨碟。 2. 从主宾开始顺时针方向绕台进行。 3. 对个别客人没有用完的骨碟，可先送上一只干净的骨碟，再根据客人意见撤下前一只骨碟。 4. 托盘要稳，物品堆放要合理。 5. 尊重客人的习惯。	10	
结账服务	针对四种结账方式提供结账服务。	10	
综合评价	服务意识	10	
总分			

项目四　客房服务基本技能

【学习目标】

1. 熟练掌握中式铺床操作方法技巧，会独立按照标准完成中式铺床；

2. 熟练掌握夜床规程，会独立按照标准完成夜床服务技能操作；

3. 会运用设计原则为目标市场、重要宾客设计主题夜床。

任务一　中式铺床

【任务引入】

2020 年 11 月，习近平总书记在全国劳动模范和先进工作者表彰大会上发表重要讲话时强调："要大力弘扬劳模精神、劳动精神、工匠精神，厚植工匠文化，讲好工匠故事。"这既是对工匠精神的高度概括，更为如何培育和传承工匠精神指明了方向。而作为一名客房服务人员应当具备专业精神和职业信仰，强练技能，做一个精益求精、追求至美至善的高素质技能型人才。大家对此有何感想？

【任务分析】

"精益求精、追求至美至善"是我们酒店高素质技能型人才应具备的工匠精神。中式铺床是客房服务人员必须掌握的一项基本的技能，同时也是客房服务工作的基础，它已被列为全国职业院校技能大赛、全国职业技能大赛、国家职业技能鉴定的技能项目，引起了专业人士的高度重视。

【知识链接】

一、客房中式铺床操作规则

1. 按客房中式铺床准备设备物品进行操作。

2. 客房中式铺床操作包括连续中式铺床 2 张共 6 分 30 秒（提前完成不加

分，每超过10秒扣2分，不足10秒按10秒计算，超过1分钟不予继续操作，根据选手完成部分进行评判计分）。

3. 统一口令"开始准备"后进行中式铺床准备，准备时间2分钟。准备就绪后，选手站在工作台前、床尾后侧，举手示意。

4. 选手在宣布"开始"后开始操作。

5. 操作结束后，选手立于工作台前，举手示意"操作完毕"。

6. 操作过程中，选手不能跑动、绕床头、跪床或手臂撑床，每违例一次扣2分。

二、中式铺床操作程序与标准

中式铺床在训练过程中，我们应当按照程序分任务进行训练，每项任务应当对其方法、标准、速度进行要求与检测，最后进行综合练习，从而提升我们的技能水平。

表4-1 中式作床铺床程序与标准

程序	操作步骤	操作方法和标准	
准备工作 2分钟	1. 仪容仪表	身着工装、化淡妆、规范发型、自查指甲、注重卫生。	
	2. 折叠布件	床单被罩：正面朝里，沿长边对折两次，再单边朝里沿宽边对折两次，注意保护客睡面。 被芯折叠法：沿长边S型折叠，再两头向中间折，然后对折。 枕套：以保护客睡面为原则对折1次。	
	3. 检查工作台	清点物品	
	4. 将床垫拉正	四边平齐，床垫无污迹、无毛发、无破损。	
抛铺床单 15秒	1. 开单	左手持床单前端，右手打开床单尾端外层床单。	

续表

程序	操作步骤	操作方法和标准	
抛铺床单 15秒	2. 抛单	手持 1/3 尾单处沿床中线抛至床尾，抛单平顺，不能打结。	抛单、开单、甩单定位一次成功；中线居中，不偏离中线；床单正面朝上，商标朝下，表面平整光滑。
	3. 打单 又称开单，通常使用飘单法操作，压单法补救操作。	飘单法： 双手握床单 1/4 处，手心向上，身体前倾，两手臂在胸前交叉，通过大臂带小臂的力量将空气穿过床单底部使其打开，再平拉回来，拉回床单距离为床垫高的 1.5 倍。	
		压单法： 双手握床单 1/4 处，手心向下，使用大臂带动小臂的力量打开床单，再利用手腕下压的力量将床单铺平，并平拉回来。	
包边包角 1分钟	1. 包边 先包侧边后包头尾。	先将平面扯平，再将床单沿床垫底线塞进去。	选择床头任意一角，依次包边包角。如果中线有所偏离，应从反方向调整中线。
	2. 包角 五步完成操作。	1. 扯 扯底边看侧边是否平齐。 2. 提 提角拉平于床边，观看提角是否垂直平整。 3. 塞 从内向外塞边 10 厘米。 4. 调整 放下角边调整并制作 90 度角。 5. 包 一手稳固边角一手将余边塞入床垫； 包角紧密垂直且平整，式样统一，四边掖边紧密且平整；操作时不跪地，上身保持正直，双腿不能超过床头柜。	

续表

程序	操作步骤	操作方法和标准	
套被套 1分钟	1. 抛铺被套	站在床尾,依据开单、抛单、打单的方法,一次性抛开被套,平铺于床上。注意被套正面凸线朝上,商标朝下。	羽绒被在被套内四角到位、饱满、平展,羽绒被在被套内两侧两头平整,被套表面平整光滑,被套口平整且要收口,被芯、绑绳不外露。
	2. 套被	被套口向床尾打开,将被子放入被罩尾端,平铺被芯,被芯长宽方向与被套一致。	
		将被芯两角一次性套入被内,被芯前端两角塞入被套顶部填实,之后顺左右两边,使其被子四角四边定位与被套吻合,且被芯与被套两边的空隙均匀。	
	3. 抛被	套被吻合后将被头抛至床头平铺于床上。	
	4. 抖铺被芯	整理被尾后,抓住被子尾端进行抖铺,最后被头拉到与床垫的床头部位齐平,一次定位成功。	
	5. 系带	系带为活结不松动。	
折横档 30秒	在任意一侧床头进行操作,如果被子有偏离应在偏离处操作横档。	被头朝床尾方向反折45厘米,中线居中,横档平整。	

程序	操作步骤	操作方法和标准	
做枕头 30 秒	套枕头	将枕芯平放在工作台上，撑开枕套口，将枕芯往里套；抓住枕套口，边提边抖动，使枕芯全部进入枕套里面；将超出枕芯部分的枕套掖好，枕套开口包好不外露，并把枕套口封好。	
	放枕头	整理后将两枕头重叠放置于床头中央，且枕头开口反向于床头柜。 枕头四角饱满不外漏，表面平整、光滑、无皱褶，枕套中线与床单中线在一条线上。	
整理床面 15 秒	从床头处开始，环形整理床面	床铺整齐美观，整张床面挺括，三线对齐合一（枕头中线与横档头中线、床单中线在一条线上），平整美观。	
注意事项	竞赛中，选手操作规范自如，轻松紧凑，动作优美，技术娴熟，不能跑动、绕床头、跪床或手臂撑床，不重复。		

【检测反馈】

表 4-2　中式铺床技能评分考核评价表

项目	操作程序及标准	分值	扣分	得分
床单16分	开单一次成功（两次扣1分，三次及以上不得分）。	2		
	抛单一次成功（两次及以上不得分）。	1		
	打单定位一次成功（两次扣1分，三次及以上不得分）。	2		
	床单中线居中，不偏离床中线（偏离床中线1厘米以内不扣分，1—2厘米扣1分，2—3厘米扣2分，3厘米以上不得分）。	3		
	床单正反面准确（毛边向下、抛反不得分）。	1		
	床单表面平整光滑（每条水波纹扣1分）。	3		
	包角紧密垂直且平整，式样统一（90度）。	2		
	四边掖边紧密且平整（每条水波纹扣1分）。	2		
被套6分	一次抛开（两次扣2分，三次及以上不得分）、平整光滑。	4		
	被套正反面准确（抛反不得分）。	1		
	被套开口在床尾（方向错不得分）。	1		

项目	操作程序及标准	分值	扣分	得分
羽绒被 26分	羽绒被放于床尾,羽绒被长宽方向与被套一致。	1		
	抓住羽绒被两角一次性套入被套内,抖开被芯,操作规范、利落(两次扣2分,三次及以上不得分)。	5		
	抓住床尾两角抖开羽绒被并一次抛开定位(两次扣2分,三次及以上不得分)。	3		
	被子与床头平齐(以羽绒被翻折处至床头距离45厘米为评判标准,相差1厘米之内不扣分,1—2厘米扣1分,2—3厘米扣2分,3厘米以上不得分)。	3		
	被套中线居中,不偏离床中线(偏离床中线1厘米以内不扣分,1—2厘米扣1分,2—3厘米扣2分,3厘米以上不得分)。	3		
	羽绒被在被套内四角到位,饱满、平展。	2		
	羽绒被在被套内两侧两头平整(一侧一头不平整扣1分)。	2		
	被套口平整且要收口,羽绒被不外露(未收口扣1分)。	2		
	被套表面平整光滑(每条水波纹扣1分)。	2		
	羽绒被在床头翻折45厘米(每相差2厘米扣1分,不足2厘米不扣分)。	3		
枕头2个 10分	四角到位,饱满挺括。	4		
	枕头开口朝下并反向床头柜。	1		
	枕头边与床头边平行。	1		
	枕头中线与床中线对齐(偏离床中线1厘米以内不扣分,1—2厘米扣1分,2厘米以上不得分)。	2		
	枕套沿无折皱,表面平整,自然下垂。	2		

续表

项目	操作程序及标准	分值	扣分	得分
综合 印象 12分	总体效果：三线对齐，平整美观。	6		
	操作过程规范，动作娴熟、敏捷、优美，能体现岗位气质和礼节礼貌。	6		
合计		70		
操作时间：　　分　　秒　　　　超时：　　秒　　扣分：　　分				
选手跑动、跪床、撑床：　　次　　　　　　　　　扣分：　　分				
实际得分：				

任务二　开夜床

【任务导入】

2018年5月28日，深圳喜来登酒店开展了2018年酒店文化节之客房夜床服务大赛。本次活动的作品主要来自客房部的所有员工，具体包括床面布置、夜床主题设计和主题讲解。在整个活动中，选手们充分结合自己的专业知识和常见客户案例进行创作，做到了理论联系实际，所设计的夜床主题包含浪漫爱情、欢乐童年、温馨亲子等。开夜床主题讲解生动有趣，富含诗情画意，听后让人意犹未尽。此次比赛有效引导了员工提高专业技能，适应岗位需求，提升创新意识。

【任务分析】

夜床服务（turn-down service），是在傍晚6：00—8：00之间对房间进行小整理，以方便客人晚归后休息，是一种高雅而亲切的对客服务形式，它是酒店服务的一个项目之一，三星级以上酒店必须提供此项服务，所以开夜床服务也成了客房工作人员基本的一项技能。

【知识链接】

一、开夜床服务操作规则

（一）按客房开夜床服务流程，准备设备物品进行操作。

（二）开夜床服务1分30秒（提前完成不加分，每超过5秒扣1分，不足5秒按5秒计算，超过30秒不予继续操作，根据选手完成部分进行评判计分)。

（三）统一口令"开始准备"后进行开夜床服务，准备时间 1 分钟。准备就绪后，选手站在工作台前、床尾后侧，举手示意。

（四）选手在宣布"开始"后开始操作。

（五）操作结束后，选手立于工作台前，举手示意"操作完毕"。

（六）操作过程中，选手不能跑动、绕床头、跪床或手臂撑床，每违例一次扣 2 分。

二、开夜床服务操作程序与标准

为了提升客房的服务质量，符合岗位标准，一定要掌握操作方法，提升操作标准。

开夜床服务技能也不例外，需要掌握其程序及标准（见下表 4-3）。

表 4-3　开夜床服务程序及标准

程序	操作步骤	操作方法及标准	
准备工作	整理床铺	从床头开始环绕一圈对床铺进行整理。	
	准备物品	位置正确，操作规范。	
被子折角	将被子翻折于床上一侧的直角边与被子中线重合，开口朝向床头柜。	折角平整，呈 90 度，下垂自然，三线（被子、床单、枕头中线）对齐。	

续表

程序	操作步骤	操作方法及标准	
铺地巾放拖鞋	地巾摆放于折角开口处。	将地巾摆放于折角一侧,地巾靠床头边与被子翻折 45 厘米(靠近床头一侧)齐平;地巾靠床体边与被子下垂边沿垂直齐平;拖鞋居中摆放于地巾之上,鞋头朝外。	
摆放物品	在床头柜上依次摆放晚安卡、矿泉水及水杯。	摆放呈三角形,水杯靠近夜床开口处。	
整体效果	物品摆放合理,方便客人使用、卫生;三线对齐,床品清洁平整美观,方便使用;操作过程动作规范、娴熟、敏捷。		

三、夜床设计

标准化的服务已经不能满足客人日益多样的需求,提供个性化服务已经不仅是酒店对外宣传的一种口号,更应该渗透到日常对客服务的细节之中。夜床服务是酒店客房中一项基本服务,而进行夜床创意设计则是个性化服务的体现,从而让客人留下美好的入住回忆。

(一)创意夜床设计

标准化的夜床服务可以让客人在入住酒店期间感到方便、快捷。《星级酒店访查规范》(LB/T006-2006)专门对开夜床服务设置了 22 项评分标准,并重点强调在特殊情景下的员工应变能力评价。由此看来,夜床服务越来越注重在标准化服务基础上的客人个性化体验。

夜床创意设计是为酒店 VIP 客人提供的个性化服务,围绕床体、床头柜及周边进行布置,增加客房特色,给宾客一种惊喜感,最终为客人的入住留下美好回忆。

（二）创意夜床设计流程

1. 了解客人

创意夜床设计首先以了解客人为基础，主要包括客人基本信息、出行目的以及喜好禁忌等方面。酒店可以通过客人预订信息获取例如客人姓名、年龄层次、出生日期、性别等有价值的内容。因此，可以围绕客人信息从多方面进行夜床设计。

例如，对带着小朋友入住的客人，可以在夜床服务中为小朋友提供儿童浴袍、拖鞋、洗漱用具或者玩偶等物品。某酒店为了营造亲子出行氛围，在开夜床时放置 Hello Kitty 玩偶，非常受小朋友的欢迎。此外，根据客人出行目的，适时提供恰当服务也至关重要。此前某酒店为了欢迎某知名企业团队入住，在房间内用柳树叶片拼出该企业的标识。又如，在客人结婚纪念日或蜜月之行入住酒店时，为客人提供红酒、鲜花庆祝重要时刻，抑或是用毛巾、浴巾折叠成一对天鹅装饰于夜床之上，营造浪漫、温馨的氛围。当然，客人的喜好禁忌是创意夜床设计中必须考虑的一个重要因素，一瓶红酒会为客人的结婚纪念日增添浪漫气氛，可是对于信奉伊斯兰教的客人，这种做法显然是不合适的——因为穆斯林不允许饮酒。

2. 确立思路

基于客人的基本信息，酒店可以结合客人的入住日期、本地特色以及对客人的贴心关怀进行构思。

（1）中西方节日都蕴含特殊寓意并对应着特定的物品

若客人在某个节日入住，酒店可以利用夜床设计传递节日祝福。例如，圣诞节，酒店可以在客人床上或床头柜摆放圣诞帽以及其他装饰品；元宵节，酒店可以在客人房间放入灯谜签，甚至可以鼓励客人参与猜灯谜活动赢取奖品。苏州某酒店端午节放入粽子玩偶和粽子糖，充分体现端午元素。

（2）每个旅游目的地都蕴含着本地的特色以及鲜为人知的文化知识

酒店可以依托所在地的优势和特点，进一步挖掘当地特色知识、文化让客人对其增加了解。例如，苏州某酒店将本地文化介绍融入到晚安致意卡之中，每天为客人介绍不一样的当地特色，例如特色食品、纪念品、景点风光等。南京某酒店为客人呈现精美雨花石纪念品并附文字介绍，让客人在入住期间有纯正的当地文化体验。

（3）融入贴心关怀客人的夜床设计，使客人产生心理满足感每个人都希望自己是被重视、独一无二的。通过与众不同的夜床设计，酒店更好地贴近客人心理，产生情感共鸣，从而容易获得情感上的相互认同。例如，苏黎世某酒店得知某常住 VIP 客人近日喜得千金之后，在客人的床头摆放小玩偶和大手牵小手的照片来表达祝贺。

3. 选择元素

夜床创意设计最终通过实物展示呈现给客人，因而恰当的表现元素直接反映设计思路。常见的夜床设计有手工、鲜花、美食、饮品、玩偶摆件、贺卡、纪念品等多种表现形式。手工产品有毛巾或浴巾折叠小动物，例如天鹅、小象、熊猫、蝴蝶等，有的则是通过花瓣或叶片拼成图案表达祝福；鲜花、美食、饮品是比较传统的表现手法，结合特别纪念的重要时刻进行的夜床设计绝对会为客人留下难忘回忆。有些酒店除了提供水果之外，还制作巧克力装饰品，让客人既有视觉观赏，又有美食体验；有些酒店依托当地特色，添加玩偶摆件打动客人。

例如四川某酒店为客人提供熊猫玩偶，普吉岛某酒店以海龟饰品作为夜床礼物取悦客人。在创意夜床设计中，员工的角色贯穿始终，他们既是创意夜床思维的源泉，又是最终呈现给客人的实施者，只有员工发自内心地去服务客人，留心观察，于细节处发现客人的好恶，融入恰当的创造性思维，从全心全意为客人提供个性化服务的角度出发，才能更好地进行夜床设计。创意夜床服务的提供需要部门对员工的积极认可以及一以贯之的培训，培养员工对客人发自内心的服务理念是提供创意服务的前提和基础，积极鼓励并认可服务优秀的员工尤为重要，如果缺少激励，就仿佛丧失了培育创意服务的土壤，员工就丧失了服务的动力。此外，培训员工如何创意服务决定服务能否完美呈现在客人面前，因此，客房部应该经常分享国内外酒店夜床服务的优秀案例，为员工提供优秀素材，开拓思路。酒店创意夜床设计流程以客人信息为基础，以其入住时间、当地特色以及贴心关怀为思路，选择恰当的元素来体现。其间需要部门对员工积极认可，分享优秀案例，只有激发员工用心观察、贴心服务的热情，才能创造出创意的夜床设计。

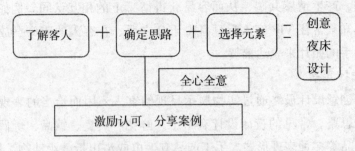

图 4-1　创意夜床设计流程

（三）创意夜床设计注意事项

1. 夜床服务目的是为了客人提供便捷的休息环境，创意夜床服务亦是如此。因而装饰物的选择应尽量简单大方，避免冗繁。此外，确保直接接触床品的装饰物干净卫生，否则可能会引起客人反感，效果适得其反。

2. 越来越多的酒店在服务中关注绿色环保问题。设计夜床时，酒店尽量采用方便客人带走的装饰用品，例如某酒店将晚安牛奶放到印有酒店标识的保温杯中，客人喝完之后还可以将杯子带走，既做到环保又能够间接地宣传酒店。

3. 成本是酒店绕不开的话题，提供个性化夜床服务需要投入资金。酒店可以根据客人等级设定预算并提供相应的个性化夜床服务。此外，客房可以针对夜床个性化设计进行内部定期培训，完善员工的技能技巧，例如折叠毛巾、书写卡片等，这样既提高员工的工作效率，又可以降低成本。

服务无极限，夜床服务是客人体验酒店个性化服务的一个缩影，成功的创意夜床设计是增添客人满意度的砝码。只有一以贯之地把对客人的贴心关怀融入到夜床设计之中，才能真正让客人享有美好入住体验。

【检测反馈】

1. 在 1 分 30 秒之内完成开夜床服务。

表 4-4　开夜床服务评分表

	标准	得分
开夜床	整体效果：三线对齐，床品清洁，平整美观。	4分
	将被子翻折于床上一侧的直角边于被子中线重合（偏2厘米及以内不扣分，2—3厘米扣2分，3厘米及以上不得分）。	2分
	将地巾摆放于折角一侧，地巾靠床头边与被子翻折45厘米（靠床头一侧）齐平，超过不得分；地巾靠床体边与被子下垂边沿垂直齐平，超过不得分；拖鞋摆放于地面之上，便于使用。	3分
	在床头柜上摆放晚安卡（环保卡）、矿泉水及水杯，物品摆放位置合理，方便客人使用，卫生。	3分
总分：		

考核方式：小组自查、小组竞赛、老师考核。

2. 以小组为单位通过对酒店进行实地市场调查，选择自己感兴趣的主题和客户类型进行夜床设计，编写设计方案并进行讲解，参考以下评分表完成夜床设计任务。

表 4-5　夜床设计评分标准

内容	设计要求	得分
设计主题	符合任务要求。	1分
设计对象	符合任务要求。	1分
设计元素	设计元素的选取符合任务中客人的心理需求特点。	1分
	小摆件的选取符合操作规范、主题，并且选择酒店常见材料，具有实用性。	1分
设计思想	思路清晰、表达流畅，设计主题、对象、元素相符，富有创新性。	3分
设计效果示意图	设计完整，并且关注到了摆放的协调性、卫生性、安全性。	3分
总分：		

实务规范篇

项目五 前台预订

【学习目标】

1. 了解预订的渠道、基本原理及方法；
2. 学会处理超额预订；
3. 掌握各种形式的客房预订；
4. 理解并掌握与接待处沟通和联系的方法；
5. 掌握进行预订服务的中英文规范用语；
6. 掌握预订确认书和婉拒预订书的中英文写法。

任务一 认识预订处

【任务引入】

2019 年 4 月，文化和旅游部相关负责人在 2019 年中国国内旅游交易会新闻发布会上透露，2016 年 12 月至 2019 年 2 月，全国纳入监测的各大城市四、五星级酒店客房出租率为 70% 左右，其中采用预订方式入住的客人占酒店宾客总数的 80% 左右。

【任务分析】

目前酒店业竞争加剧，各酒店为了稳定客源，都开展了客房预订业务，不仅能满足客人的住宿需要，开拓市场，稳定客源，同时也能提高酒店的服务质量。作为前厅服务人员了解预订的渠道、预订方法种类、预订的确认方式和超额预订是做好预订工作的基础。

【知识链接】

一、预订渠道

（一）直接向酒店预订

包括电话预订，传真、信函预订，电子邮件预订和当面预订。

（二）通过与酒店签订商务合同的单位预订

（三）通过酒店所加入的预订网络预订

（四）由旅行社预订

（五）由航空公司预订

（六）由会议组织机构预订

（七）由政府机关和企事业单位预订

二、预订的种类

客房预订分类的目的是监督预订业务，保证客房预订的准确性，为方便客人，提高服务质量。

表 5-1　客房预订的种类

种类	分层预订法	分类预订法
方法	按照客房所在的楼层和房号，将确定的客房预订给客人，满足客人对客房等级、方位和设备等要求的预订方法。	按照客房的等级和种类来预订客房，客人进店后住哪一间客房，由接待员根据客房价用的具体情况而定。
特点	能满足常客和特殊客人的要求，体现了酒店的个性化服务。	简便易行，分配客房的回旋余地较大，不易出错，为大多数酒店所采用。
备注	一般酒店都将两种方法结合使用，容易收到较好的效果。对特殊客人和常住客人使用分层预订法，而一般情况下则采用分类预订法。	

三、订房确认

订房确认是酒店接受客人订房而按期保留客房的保证。订房确认的种类有：临时性预订、确认性预订、保证性预订。

（一）临时性预订

临时性预订是指客人在即将抵达酒店前很短的时间内或在到达的当天联系的预订。酒店一般没有足够的时间给客人书面确认，因此均予以口头确认。受理时，应注意问清客人的抵店时间和所乘航班、车次，并提醒客人所订客房将保留至 18：00（即取消预订的时限），以免在用房紧张时引起不必要的纠纷。

（二）确认性预订

确认性预订是指酒店答应为预订的客人保留房间至某一事先申明的规定时间，但如果到了这一规定时间，客人仍未抵店，也无任何声明，则在用房紧张时期，酒店可将所保留的客房出租给未经预订而直接抵店的客人或列入等候名单的客人。

确认性预订的方式有两种，即口头确认和书面确认。绝大多数的酒店给持有确认书的客人享用较高的信用限额和一次性结账服务。

（三）保证性预订

保证性预订是指客人保证前来住宿，否则将承担经济责任，酒店则必须在任何情况下都保证落实的预订——保留客房至客人抵店日期的次日退房结账时间。

四、超额预订

超额预订是指酒店在预订已满的情况下，再适度增加预订的数量，以弥补少数客人临时取消预订而出现的客房闲置，遮免不必要的损失。做好超额订房的关键在于掌握超额订房的数量和幅度，国际上酒店的管理经验表明，通常超额订房数控制在可预订房数的5%左右。

影响客满的因素、统计分析出预订取消率、预订未到率、提前离店率和延期住宿率等各项指标、本地区有无其他同等级和同类型的酒店、酒店在客人消费群中的信誉如何、团体订房和散客订房的比例如何这些因素是确定超额订房幅度最适宜的百分比，应详细分析才能得到。

超额订房计算公式及其运用，为合理掌握超额订房的数量和幅度提供手段，公式为：

$$X = D \cdot r - D \cdot f$$

其中，X是超订客房数；D是可预订客房数；r是预订临时取消率；f是延期住宿率。

$$超订率 = \frac{超订量}{可订量} \times 100\%$$

例如，某酒店有客房400间，根据预订统计资料分析，9月20日申请预订280间，而客人离店后空房有100间。另据前台预订历史资料分析，酒店延期住宿率为5%，预订临时取消率为9%，问：

（1）预订处9月20日可超订多少？（2）超订率是多少？

解：9月20日可预订客房数为100间，即 D＝100间，根据公式得：

$$X = D \cdot r - D \cdot f$$
$$= 100 \times 9\% - 100 \times 5\%$$
$$= 4（间）$$

$$超订率 = \frac{超订量}{可订量} \times 100\% = \frac{4}{100} \times 100\% = 4\%$$

所以，该酒店预订处9月20日可超订4间，超订率为4%。

如果酒店因为超额订房而不能使客人入住，按照国际惯例，酒店应该尽最大努力进行弥补。首先应当诚恳地向客人道歉，立即与其他同等级的酒店联系，请求援助，然后派车将客人免费送往联系的酒店。如果找不到相同等级的酒店，可安排客人住在级别略高的酒店，房费高出部分由酒店支付。如果客人连住多天，而酒店内有空房，可以在客人愿意的情况下，再把客人接回，并明确表示欢迎，同时对提供援助的酒店表示感谢。

【检测反馈】

1. 填写下表，比较客房预订的种类及方法。

表 5-2　客房预订的种类及方法

种类	分层预订法	分类预订法
方法		
特点		
备注		

2. 分析比较三种订房确认的异同点。

3. 某酒店有客房1000间，根据预订统计资料分析，11月5日预订客人离店后要有空房380间，因进入旅游旺季，申请预订700间。另据前台预订历史资料分析，酒店旺季延期住宿率为4%，预订临时取消率为8%，问预订处11月5日可超额订房多少？超订率是多少？

任务二　预订客房

【任务引入】

某日，一位外籍客人罗伯特先生经本地公司订房入住某大酒店，要一个标准间预住 2 天。但在总台办理入住手续时，接待员告诉罗伯特先生，他的预订只有 1 天，现在又正值旅游旺季，第二天的标准间难以安排。罗伯特先生听后很生气，强调自己让本地接待单位为他订房时是明确要住 2 天的，订房差错的责任肯定在酒店。由此，接待员与客人在总台成了僵持的场面，经后来查证，原因为预订员弄错信息了。

【任务分析】

作为前厅服务人员应当熟悉受理各种形式客房预订的程序、标准及要求，并且能够熟练操作各种形式的客房预订，还能与接待处沟通和协调。

【知识链接】

一、客房预订工作

表 5-3　客户预订程序

程序	工作标准及要求
通信联系方式	1. 电话预订。接电话迅速亲切，仔细聆听，记下要求，复述核实，准确答复； 2. 函电文字预订。迅速及时，慎重准确； 3. 来电预订。争取客人先付定金或押金，避免向客人做确认房号的保证； 4. 联网预订。
明确客源	要求区别散客预订和团队预订。
受理预订或婉拒预订	1. 对照抵店当天客房状态，根据预订客人的需要（抵店日期、客房种类、用房数量住房天数）决定是受理预订还是婉拒预订； 2. 若受理预订，可按下列程序进行； 3. 若婉拒预订，可建议客人调换另类房间，也可将客人要求记录在"等候名单"上，一旦有房间立即通知客人。
确认预订	1. 发预订确认书，就房价、付款方式及取消条款达成协议； 2. 声明酒店取消预定的规定。

续表

程序		工作标准及要求
记录储存	计算机储存	1. 填写客房预订单； 2. 按规定输入计算机。
	手工储存	1. 填写订房单、确认书、预付订金收据、客史档案卡、客人原始预订凭证，并装订在一起； 2. 按客人抵店日期顺序、客人姓氏字母顺序排列订房单。
控制检查	订房管制	提前一天或数天通知接待处和客房部控制已预订的客房。
	制作预订控表	将已预订的客房按时间顺序画入图表。
	控制预订变化	1. 请申请人写出书面申请（取消预订）； 2. 抽出预订单，加盖取消图章（取消预订）。
	控制预订变化	1. 按客人提出的新要求重新填写订房确认书并发给客人（订房变动）； 2. 改写订房单及计算机中的内容，并按时通知接待处和客房部（订房变动）。
	控制预订变化	1. 客人入住前一月核对一次（订房核对）； 2. 客人入住前一周核对两次（订房核对）； 3. 客人入住前一天核对三次（订房核对）。
抵店准备		1. 提前一周或数周将酒店主要客情（如 VIP 客人、大型团队等）信息通知各部门，可采取发放各类预报表的方法； 2. 客人抵店前夕，将客情的具体接待安排以书面形式通知相关部门； 3. 请接待员按客人的具体要求做接待准备； 4. 到接待处核对客房控制情况，防止预订客房和已住宿客房发生冲突； 5. 到接待处取"无到"名单整理成两份。

二、电话预订工作

表 5-4　电话预订程序

程序	工作步骤与标准
接电话	1. 电话铃三声之内接听； 2. 若铃声响过三次以上，则应向客人致歉，说声"对不起"。
敬语问候	你好、早上好、下午好。

续表

程序	工作步骤与标准
报部门岗位	我是××酒店预订处预订员××。
询问客人姓名、单位及预订要求	1. 请问先生/小姐贵姓； 2. 请问×先生/×女士的工作单位； 3.×先生/×女士，请问您需要我做些什么？
聆听客人要求	1. 了解客人需要预订客房的日期和客房类型； 2. 查询计算机或客房预订控制板，看是否可满足客人要求。
复述核实	将客人的要求复述一遍。
推销客房	介绍客房种类和房价。
询问付款方式	1. 问清客人是现金付款还是使用信用卡、支票付款； 2. 在预订单上注明客人的付款方式。
询问抵达情况	1. 确认客人抵达方式及时间； 2. 确认客人是否需要店外接送服务； 3. 确认接送客人的地点和方式。
询问特殊要求	1. 问清客人是否有其他特殊要求； 2. 详细记录并复述核实。
订房确认	只给予口头确认，应告诉客人客房只保留到 18：00（临时性预订）。
	1. 请客人告知为其保留客房至某时间（确认性预订）； 2. 请客人告知信用卡号做担保（确认性预订）。
	1. 问清客人付款方式及时间（保证性预订）； 2. 为客人保留客房到退房时间（保证性预订）。
询问住房客人情况	了解住客的姓名、性别、单位、联系方式。
询问预订代理人情况	了解代理人客人姓名、单位、联系方式、电话号码。
复述预订内容	了解客人的情况、抵店日期和方式、房间种类及房价、付款方式、特殊要求、代理人情况。
完成预订	向客人致谢。

三、传真预订工作

表 5-5　传真预订程序

服务程序	工作步骤与标准
收传真	收到预订传真后，先进行分类。
核查判断	查看已预订情况，确定是否受理预订。
主管签字确认	主管进行签字确认。
回传真	根据是否受理预订与客人进一步进行联系。
存档	根据预订受理情况分类存档。

四、网络预订工作

表 5-6　网络预订程序

服务程序	工作步骤与标准
进入网络	客人进入酒店预订中心网上系统。
获悉房间出租情况	预订中心通过计算机系统获悉各酒店的房间出租情况。
核查请求	确认客人的预订请求。
接受请求	计算机自动判断是否接受客人的预订请求。
发出预订通知单	预订中心分别向客人和酒店发出预订确认单。
存档	预订资料的整理归档。
保留客房	酒店根据预订确认单为客人保留客房。

五、团队预订工作

表 5-7　团队预订程序

服务程序	工作步骤与标准
接受预订	根据接待单位提交的生活接待委托书了解团队接待要求及细节。
明确团队预订要求及细节	1. 团队名称、住客情况一览表、抵离店时间、使用的交通工具、房间种类及数量、用餐要求及标准等； 2. 确认付款方式及自理项目； 3. 团队中的其他注意事项。
核查洽谈	1. 核查订房人身份、单位和联系方式； 2. 根据酒店规定明确优惠价或团队价。

服务程序	工作步骤与标准
复述、确认预订内容	1. 复述、确认预订内容； 2. 明确预订房间保留的最后时限。
预订信息处理	1. 将团队预订单的有关信息输入计算机； 2. 按日期存放预订单。

六、更改预订工作

表5-8　更改预订程序

服务程序	工作步骤与标准
接收客人更改预订信息	1. 询问要求更改预订客人的姓名及原始抵离店日期； 2. 询问客人现要更改的日期。
确认	1. 将原始预订单找出； 2. 在确认新的日期前，查询客房出租和预订情况； 3. 在允许的客房状况下，为客人确认更改，填写预订单及修改计算机资料； 4. 记录更改预订记录、更改预订代理人姓名和联系电话。
存档	1. 将更改后的预订单和原始订单订在一起； 2. 按日期、客人姓名存档。
未确认预订更改的处理	1. 如果无法满足客人的更改请求，应及时向客人解释； 2. 告诉客人预订暂时放在等候名单上，如果酒店有空房，及时与客人联系。
感谢客人	1. 感谢客人及时通知； 2. 告知客人预订房间的最后保留期限。
通知	将更改信息以书面形式通知有关部门。

七、取消预订工作

表5-9　取消预订程序

程序	工作步骤与标准
接收客人取消预订信息	1. 询问客人姓名及原始预订情况（抵离店日期）； 2. 找出原始预订单。

续表

程序	工作步骤与标准
确认取消预订	记录取消预订代理人的姓名及联系电话。
处理取消预订	1. 询问客人是否要做下个阶段的预订; 2. 将取消预订的信息输入计算机。
存档	1. 将取消预订单与原始预订单订置在一起; 2. 按客人所定抵店日期顺序（1～31）和客人姓氏字母（A～Z）储存。

八、VIP 客人的预订工作

表 5-10　VIP 客人预订程序

程序	工作步骤与标准
接收预订信息	1. 了解客人的身份、职位，若符合 VIP 客人的接待条件，应及时上报预订处主管; 2. 上级审核批准后，填写 VIP 预订申请单（一式五份）分送到有关部门。
填写 VIP 预订申请单	1. 填写客人姓名、职位、公司名称、抵达和离店日期、航班、房间类型、房价; 2. 如客人有特殊要求，应详细注明。
VIP 客人礼品的选择	在 VIP 预订单上将已选择的礼品注上标记√。
上报领导审批	1. 送交预订处经理审批签字; 2. 送交客房部总监审批签字; 3. 送交总经理审批签字。

九、预订客人资料的整理工作

表 5-11　预订客人资料的整理工作程序

程序	工作步骤与标准
准备工作	1. 汇集前一天办理入住登记的客人住宿登记表; 2. 进入计算机中客人历史档案查询网。

续表

程序	工作步骤与标准
建立客人资料	1. 编入客人姓名、国籍、性别、年龄、公司名称、住址、邮编、护照号码、签证号码、生日等资料； 2. 将特殊要求输入备注栏中。
确认	选择计算机程序，以检查以上输入的资料与客人提供的资料是否相符。

十、与接待处的协调联系

预订处的设立是为了保证接待处能够更好地销售客房。预订处必须及时了解接待处出售客房的情况和客房状况，否则无法准确地控制订房，而接待处也要经常了解客房预订的情况，否则也无法保证不出差错地销售客房或售出客房，因此，两个部门之间必须随时互相沟通。

（一）预订处须随时将每天客房预订情况、订房客人的资料提前一天或数天预报给接待处。

（二）预订员每天早上要到接待处核对客房控制情况，防止客房预订与已住宿客房发生冲突；或由接待处将前一天客房情况向预订处报告，使其了解和掌握可售房的情况。

（三）如果客人订房时指定要某房号的客房，预订处必须与接待处联系，看此客房到时能否出租。

（四）未经预订客人要求住店，特别是要求住宿一天以上的客人，接待员必须与预订处联系，防止与客房预订发生冲突。

（五）接待处每天早上必须将前一天的"无到"名单报预订处。

【检测反馈】

1. 小组制作预订的信息表单并且填写。

2. 依据所学并参考前厅预订服务评分表如下，以小组为单位自选内容模拟训练预订服务。

表5-12　前厅预订服务评价表

项目	操作步骤及标准	分值	扣分
迎接（10分）	整理台面，时刻关注客人，做好服务准备。	7	
	微笑问候客人。	3	

项目	操作步骤及标准	分值	扣分
介绍（20分）	询问客人是否有预订。	3	
	针对性地介绍酒店可出租客房类型。	5	
	介绍客房价格，且报价方式合乎规范。	5	
	适时介绍酒店餐饮、娱乐等设施和服务项目。	7	
确认（10分）	确认房间类型。	2	
	确认房价（是否含早餐）。	2	
	确认离店日期。	2	
	确认其他个性化要求。	4	
综合（10分）	服务过程中，有三次以上用姓氏称呼客人。	2	
	操作娴熟，服务亲切热情。	4	
	推荐职业，具备良好的职业素养。	2	
	精神饱满，仪表仪容符合规范。	2	
合计50分			
跑动、物品落地、物品碰倒（ ）次扣分：			

任务三　预订规范用语

【任务引入】

黄金海岸的盛夏，正值旅游旺季，游客如云，各酒店、宾馆的客房爆满。A宾馆也是同样，房间十分紧张。而这时预订员小李接了一位外国朋友的电话，并且用英语跟他交流，可是半个小时过去了，小李与外国客人语言沟通困难，无法完成预订，于是他直接挂了对方电话，为其他客人进行预订。虽然酒店房间已出租，为酒店创造了满房率，但最后却被外国客人所投诉，给酒店造成了一定的影响。

【任务分析】

当前中外交流频繁，酒店接待外国宾客已经常态化，而且三星级以上的酒店为涉外酒店更有接待外国宾客的责任，所以前厅服务人员不仅需要掌握中文规范用语还需使用英语来为外国宾客服务。

【知识链接】

一、预订服务语言规范

预订员：你好，客房预订。

Reservation：Good morning. Room Reservation，may I help you?

客人：你好，请问能不能帮我预订一个房间？

Guest：Good morning. Can you book me a room，please?

预订员：好的，请问您需要什么样的房间？

Reservation：Certainly，sir. What kind of room would you like?

客人：我订一间标准间。

Guest：I'd like a standard room.

预订员：好的，标准间每晚人民币 680 元。请问您什么时候入住？

Reservation：Certainly. Standard room is RMB 680 per night. Which date would you like to check in?

客人：下周五，住两晚。

Guest：Next Friday，for about two nights.

预订员：下周五是 4 月 21 日，住两晚，4 月 23 日星期日离店。

Reservation：Next Friday is Apr. 21st. For two nights. So you will check out on Sunday，Apr. 23rd.

客人：是的。

Guest：That's right.

预订员：请问您是自己订房还是代别人订？

Reservation：Do you book for yourself or somebody else?

客人：自己订。

Guest：For myself.

预订员：请问您一个人住吗？

Reservation：Are you living alone?

客人：不，还有我太太。

Guest：No，with my wife.

预订员：请问您的全名可以吗？

Reservation：May I have your full name please?

客人：王君。

Guest：Wang Jun.

预订员：王先生，请问您乘飞机来还是火车来？我们有免费班车往来火车站和机场，免费接送客人。

Reservation：Mr. Wang, how will you arrive, by air or by train? As we offer free shuttle bus between railway station and hotel and limousine-service from the airport.

客人：我们乘火车从上海来。

Guest：We will come from Shanghai by train.

预订员：王先生，请问您的车次？

Reservation：May I have the train number, Mr. Wang?

客人：游14次。

Guest：Y14.

预订员：王先生，请问您是现金结账还是信用卡？

Reservation：Mr. Wang. How will you make your payment, by cash or by credit card?

客人：现金。

Guest：By cash.

预订员：您需要保证您的订房吗？这样我们可以为您保留您的房间。您知道，现在是旅游旺季，我们只负责将普通订房保留至18：00。您可以先用信用卡担保，到时候再用现金结账就可以了。

Reservation：Would you like to guarantee your booking? So we can hold your room till you come. You know that is the high season in this area, we can only hold the confirmed booking till 18：00. You can guarantee the booking by credit card now and settle your account by cash when you check out.

客人：不用了，我们下午4点就到了。

Guest：No, thanks. We will arrive in at 4 pm.

预订员：好的，王先生。请问您的联系电话和传真是多少？我们可以及时与您联系。

Reservation：All right, Mr. Wang. May I know your telephone and fax number please, in case we can contact you in time.

客人：电话是8-8-5-4-3-2-1，传真是8-8-5-4-3-2-2；区号为0-2-1。

Guest：My telephone number is 8-8-5-4-3-2-1, and fax number is 8-8-5-

4-3-2-2, the area code is 0-2-1.

预订员：谢谢，王先生。请您核对以下内容：您订了一间标准间，价格人民币为 680 元，下周五 4 月 21～23 日。与王太太乘游 14 次列车从上海而来，现金结账。您的联系电话是 8854321，传真是 8854322，区号是 021.

Reservation：Thank you, Mr. Wang. Please confirm the following information：you´d like to book a standard room at RMB 680, from Apr. 21st to Apr. 23rd. You will come from Shanghai with Mrs. Wang by train Y14 and you will pay by cash. Your telephone number is 8-8-5-4-3-2-1, and fax number is 8-8-5-4-3-2-2, the area code is 0-2-1.

客人：是的。

Guest：That's correct.

预订员：谢谢您的订房。我们欢迎您的光临。

Reservation：Thank you for booking, Mr. wang. We are looking forward to serving you.

客人：谢谢，再见。

Guest：Thank you and good-bye.

预订员：不用谢，再见。

Reservation：You're welcome. Good-bye.

二、预订确认书的中英文写法

1. 感谢您×月×日的来信……

Thank you for your letter of（month, day）. . .

2. 我们很高兴向您确认下列安排……

We have pleasure in confirming the following arrangement. . .

3. 请允许我们提醒您……

We would like to bring to your attention the fact that. . .

4. 对于其他细节，您可参阅随信寄去的资料……

For all further details, please refer to the enclosed descriptive booklet. . .

三、婉拒预订书的中英文写法

1. 我们为没有能够满足您的要求表示歉意，希望下次有机会为您提供服务。

顺致敬礼！

We regret that we have been unable to of service to you. However we hope to be in a position to accommodate you at a future date.

Yours Faithfully.

2. 我们希望各种新的建议中有合您意的，恭候回复。

顺致敬礼！

We hope that one of these new offers will be acceptable and we are looking forward to receiving your reply.

Truly yours！

【检测反馈】

1. 以小组为单位进行中英文电话预订对话表演。

2. 编写一份中英文的预订确认书。

3. 编写一份中英文的婉拒预订书。

项目六　登记入住

【学习目标】

1. 学会使用接待处的各种资料，为接待服务提供便利；
2. 掌握客房状态的控制；
3. 学会为各类客人办理入住登记手续；
4. 学会为客人办理续住、换房手续；
5. 掌握总台接待的规范用语。

任务一　认识接待处

【任务引入】

11 月 3 日西湖大酒店一下来了 13 位国内客人，其中三个 3 口之家，都带着手抱的婴儿，还有一对新婚夫妇和两位 70 岁左右的先生。请你接待他们并为他们办理入住登记。

【任务分析】

入住登记是前厅部对客服务全过程中的一个关键阶段，其工作效果将直接影响到前厅功能的发挥，同时，办理入住登记手续也是客人与酒店间建立正式的合法关系的最根本的环节。作为前厅接待员需要熟悉接待处的各种资料，学会排房并控制客房状态，为客人办理入住登记手续。

【知识链接】

一、接待处的基本资料

（一）入住登记表（registration form）

表 6-1 客人入住登记表

姓名		性别		年龄		籍贯		证件名称		
证件号码										
住址										
房号		房价				抵店日期		年　月　日　时　分		
协议单位						离店日期		年　月　日　时　分		
同住人姓名		性别		年龄		证件号码		住址		
结算方式	□现金　　□挂账　　□信用卡　　□住宿券　　□旅行社　　□储值卡　　□其他									
备注	尊敬的宾客：如您有贵重物品，请存入前台保险箱内，本店为您免费保管；但对保管之外的贵重物品的遗失概不负责。 　　是否有贵重物品寄存？　　　□是　　　　□否　　　宾客签名：									

1. 入住登记表

入住登记表的设计格式、所列项目因酒店和客人类型而异，其主要内容包括：

（1）户口管理所规定的登记项目，如客人完整的姓名、国籍、出生年月、永久地址、有效证件号码、职业等。

（2）酒店对客服务和管理中所需的登记项目，如房号、房价、付款方式、抵（离）店日期及时间、账单编号、接待员签名、有关酒店责任声明等。

2. 入住登记表的种类

（1）国内旅客住宿登记表，供国内客人住店填写。

（2）境外人员临时住宿登记表，供外国客人、华侨以及港、澳、台地区的中国公民住店填写。

（3）团队住宿登记表，供团体客人住店填写。

（二）欢迎卡（key card/hotel passport）

欢迎卡，亦称住房卡、钥匙卡，一般在客人抵店前由开房组填写，或在客人入住填写登记表时，由接待员填写，其作用可证明住店客人身份，而且这种折页式的卡内除了总经理欢迎词、客人姓名、房号有效期等内容外，通常还印制有酒店服务设施位置、服务时间、会客须知等相关内容、图片和规定，起到了服务指南和推销的作用。

（三）预付金收据（deposit receipt）

酒店在与住店客人确立信用关系时，通常须客人预付部分或全部预付款。预付金收据是明确双方信用行为的凭据。

（四）房态表（room rack slip）

在未使用计算机的酒店前厅部，必须制作客房状况卡条，并放入显示架相应的房号内，用来显示客房的出租状况及住客的主要情况（如客人姓名、房号、抵离日期等）。颜色、规格与标示客源类型的颜色一致，以便接待员区别客情，提供不同的服务。但当前酒店一般都使用电脑，而使用房态表来取代。

（五）空房卡（vacant room card）

在未使用计算机的酒店前厅部，还需使用空房卡，用来显示当天空余客房状况。每张空房卡上有房号、客房类型、住房费等内容。对空房卡要妥善保管，防止接待员租重客房，并且可根据剩余空房的情况，设法将空房价出。

二、办理入住登记手续的程序

（一）识别客人有无预订

表6-2　识别客人有无预订程序表

客人类型		服务程序与操作步骤
对所有客人		面带微笑，主动问候并询问有无预订。若知道客人姓名或职位等，应用姓名或头衔等称呼客人。
已预订客人	已订房客人	1. 迅速查找计算机或查阅计算机打印的"预期抵店一览表"； 2. 复述其预订的主要内容； 3. 经客人确认后，请客人填写登记表。
	持有预订凭证的客人	1. 礼貌地请其出示预订凭证的正本； 2. 注意检查客人姓名、酒店名称、住宿天数、房间种类、用餐安排、抵离日期及预订凭证发放单位的印章。
	已付订金的客人	再次向客人确认自己收到的金额数目。

续表

客人类型	服务程序与操作步骤
未预订直接抵店的客人	1. 首先询问客人的住宿要求，同时查看当天客房的销售状况，以判断能否满足客人的要求； 2. 若能提供客房，则请其办理登记手续； 3. 若不能接受，则应设法为客人联系其他酒店，给客人以耐心、细致的帮助。

（二）形成入住登记记录

在办理入住登记过程中，接待员应在保证质量的前提下，千方百计地为客人减少办理入住登记手续的时间，提高效率。对于已办预订手续的客人应当掌握部分资料信息，形成预先登记，当客人抵店时，只需要在总台核对有效证件、签名后即可入住客房，大部分酒店则让贵宾享受在房内登记的特权。对于团队或会议客人，可依据其具体接待要求和排房名单提前安排好客房，并准备好钥匙信封登记表、房卡、钥匙信封卡、房卡、促销宣传册、用餐券，提前交给陪同，提高接待效率；对于未经预订而直接抵店的客人，接待员应当尽量提供帮助，缩短办理入住手续的时间。

入住登记表一般一式三联，第一联作为备案，第二联交总台结账处，第三联作为客史档案保存。

（三）排房定价

接待员应根据客人的住宿要求，着手排房、定价。在排房时，接待员应根据客人对住房的需求以及客房类型的差异予以考虑和选择，而客房确定后，接待员可在客房价格范围内，或依据酒店的信用政策条文定价。通常，为尊重客人、促进销售，酒店往往制定出适应市场需求的灵活价格政策，但对于确认书中已确认的房价，不得随意更改。

（四）确定付款方式

确定付款方式的目的是为了明确客人住店期间的信用限额，加快退房结账的速度。通常不同的付款方式所给予的信用限额是不同的，客人通常采用的付款方式有信用卡、现金及转账等。

采用信用卡结账的客人，接待员首先辩明客人所持信用卡是否属中国银行规定的可在本店内使用的信用卡之列并检查信用卡的完好程度及有无破损，检查其有效期。随后使用信用卡压印机影印客人的信用卡签购单，并将其信用限额告诉客人，将信用卡签购单和账单一起交总台收银处签收。信用卡公司对持卡者在酒店使用信用卡底额限制有规定。

使用现金结账的客人根据酒店制定的预付款政策，来判断客人是否需要预先付款，然后根据客人交付的预付款数额，来决定所给予的信用限额，并以转账方式结账。

（五）完成入住登记手续

排房、定价、确定付款方式后，接待员应请客人在准备好的房卡上签名，即可将客房钥匙交给客人。与此同时，还应做好以下工作：

1. 酒店为客人事先保存的邮件、留言单等应在此时交给客人，并提醒客人将贵重物品寄存在酒店免费提供的保管箱内。有些酒店还会向客人提供用餐券、免费饮料券、各种促销宣传品等，并询问客人喜欢阅读的报纸，以便准备。

2. 客人离开总台，接待员安排行李员引领客人进房并主动与客人道别。

3. 将客人入住信息输入计算机并通知客房中心。

4. 有些酒店，在客人进房 7~10 分钟时，再通过电话与客人联系，询问其对客房是否满意，并对其光临再次表示感谢。

（六）建立相关表格资料

具体做法如下：

1. 用打时机在入住登记表的一端打上入住的具体时间。

2. 将入住信息输入计算机内，并将与结账相关的事项输入计算机客账单内。

3. 标注"预期到店一览表"中相关信息，以示客人已经入住。

4. 若以手工操作为主酒店，则应立即填写 5 联客房状况卡条，将客人入住信息传递相关部门。

三、填写入住登记表

（一）填写国内旅客住宿登记表

表 6-3　国内旅客住宿登记表

栏目	填写要求
姓名	与客人所出示的证件上姓名是否相符。
性别	填写男或女。
证件名称	一般为居民身份证，军人可出示军官证。
证件号码	与证件上号码相符，无遗漏。

续表

栏目	填写要求
抵店日期	填写客人入住日期，切勿填写预订客房日期。
离店日期	填写客人拟离店日期，切勿填写住宿天数。
房号	客人入住的房间号码。
离店结算方式	在结算方式前的方框中，清除打钩。
客人签名	核实签名，字迹清晰。

（二）填写境外人员临时住宿登记表

表6-4　境外人员临时住宿登记表

栏目	填写要求	
姓名	1. 港、澳、台地区同胞和华侨：填写中文姓名； 2. 日本人：中文姓名和拉丁字母拼音的姓名均要填写； 3. 东南亚国家的客人：填写英文姓名，如其护照上有中文姓名，也要填写； 4. 朝鲜人和韩国人：填写英文姓名，有中文姓名的也须填； 5. 其他国籍的客人：填写英文姓名，如其护照上没有英文姓名，其本人又不懂英文，接待员可将客人姓名译成英文或中文填上。	
性别	如实填写男或女，用英文填写 M 或 F。	
国籍	1. 根据客人所持有效护照或其他有效证件填写国籍：港澳地区同胞持有我国政府颁发的回乡证或中华人民共和国旅行证、香港特别行政区护照、港澳居民来往内地通行证； 2. 香港人填写中国香港，澳门人填写中国澳门，台湾人填写中国台湾； 3. 朝鲜、韩国一律用中文填写； 4. 国籍外文缩写规范，按照国家标准填写。	
出生年月	1. 填写证件上的出生年、月、日； 2. 护照上只有生年的，应当问清具体出生月、日。	

续表

栏目	填写要求
证件名称	1. 护照：外交护照（DIPLOMATIC PASSPORT）、公务护照（SERVICE PASSPORT）、官员护照（OFFICIAL PASSPORT）、普通护照（PASSPORT）、特别护照（SPECIAL PASSPORT）、团体护照（GROUP PASSPORT）、联合国护照（UNITEDNATIONS PASSPORT）； 2. 身份证件：旅行证（TRAVEL DOCUMENT）、身份证（CERTIFICATE OF IDENTIFICATION）、海员证（SEAFARER'S PASSPORT）、回美证（ADVANCE PAROLE）、返日证（REENTER PERMIT TO JAPAN）、香港特别行政区护照、港澳居民来往内地通行证、港澳同胞回乡证、中华人民共和国旅行证、中华人民共和国外国人居留证、中华人民共和国外国人临时居留证。
证件号码	1. 填写有效证件，不要填写签证号码，号码前面的英文字母也要填上，其他标记不填； 2. 证件号码的表达方式：（1）证件上打孔的数码；（2）"N0"后面的数码。
签证种类	下面是我国签发给外国人的各种常见的签证，填写时可以填写汉语拼音字母代码 （1）外交签证——W；（2）公务签证——U；（3）礼遇签证——Y； （4）另纸签证；　（5）团体签证——T；　（6）互免签证——M； （7）定居签证——D；（8）职业签证——Z；（9）学习签证——X； （10）访问签证——F；（11）旅游签证——L；（12）乘务签证——C； （13）过境签证——G；（14）常驻我国外国记者签证——J-1； （15）临时来华采访的外国记者签证——J-2； （16）港澳台同胞和华侨填"M"。
签证有效期	1. 填写签证的实际有效期，即有效期至×年×月×日，切记不能填写天数； 2. 免办签证的客人，按我国与有关国家签订的"互免签证协议书"办，免办签证的内容和范围不尽相同，有效期不一；此类客人住宿达30天，接待员需要向公安机关出入境管理部门询问，是否让客人续住，同时超越免签期限。
来店日期	填写客人入住日期，切勿填写预订客房日期。
离店日期	填写客人拟离店日期，切勿填写住宿天数。
房号	1. 客人入住的房间号码； 2. 团体签证的客人要填上实际住宿的房号； 3. 境外人员散居社会住宿的，填写户主地址或住宿的实际地址。

栏目	填写要求
接待单位	1. 填写接待宾客的机关团体，如旅行社、学校等国内企事业单位； 2. 没有接待单位的，填写"散客"； 3. 社会上居民个人接待的，填写户主的真实姓名。 注意事项如下： （1）每张《临时住宿登记表》上要注明涉外留宿单位的名称或加盖公章； （2）涉外留宿单位的服务接待人员或派出所的有关负责人要在每张《临时住宿登记表》上签名； （3）使用计算机联网管理的单位，录入的外文字母皆要大写。

（三）填写团队住宿登记表

表 6-5　团队住宿登记表

栏目	填写要求
团队名称	正确填写团队名称，勿用缩写。
房号	每位客人实际入住的房间号码。
抵店日期	填写客人入住日期，切勿填写预订客房日期。
离店日期	填写客人拟离店日期，切勿填写住宿天数。
姓名	根据酒店营销部发来的接待通知单上的名单，正确填写。
性别	如实填写男或女。
国籍	根据酒店营销部发来的接待通知单上的国籍，正确填写。
证件号码	填写有效证件，不要填签证号码，号码前面的英文字母也要填上。
接待单位	填写接待宾客的机关团体，如旅行社、学校等国内企事业单位。

四、学会排房

通常客房分配应讲究一定的顺序以及排房艺术。

（一）排房顺序

团体客人（团队或会议客人）→VIP 客人和常客→已付定金的预订客人→要求延期离店的客人→普通预订客人→无预订的散客。

（二）排房方法

以提高客人满意程度和酒店住房率为出发点，排房应注重下列技巧：

1. 尽量将团体客人（团队或会议客人）安排在同一楼层或相近的楼层，采取相对集中排房的原则。

2. 内外宾有着不同的语言和生活习惯，将内外宾分别安排在不同的楼层。

3. 将残疾人、老年人和带小孩的客人尽量安排在离电梯较近的房间。

4. 对于常客和有特殊要求的客人应予以照顾，满足其要求。

5. 将敌对国家的客人尽量不要安排在同一楼层或相近的房间。

6. 应注意房间号码的忌讳。如西方客人忌"13"，一些地区的客人忌"14"等带有"4"字的楼层或房号。

五、掌握、控制客房状态

（一）认识客房的基本状态

1. 可供出租状态，即客房已打扫整理，一切准备就绪，随时可供出租。

2. 住房状态，即客房已出租，正由客人占用。

3. 正在转换状态，即原占用客房的客人已退房，现正由客房服务员打扫整理，一切就绪后可再供出租。

4. 待维修状态，即该客房将要或正在进行整修，近期不能出租。

5. 保留状态，即某个房间已在某时期内为某位客人保留，不能出租给其他客人。

如果遇到外宿未归房、携少量行李的住客房、请勿打扰房、双锁房，这种客房状态是客房部需要掌握并通知前台的。

（二）显示客房状态

规模较小使用手工操作显示客房状态，显示架是手工操作显示房态的最基本设备，一般放在前厅接待处。但当前大部分酒店是计算机显示客房状态，能大大加快沟通速度，提高工作效率，避免工作差错。另外，它还可用于前厅及整个酒店的管理工作。

（三）控制客房状态

客房部应定时向接待处递交客房情况表，一般一天两次或三次。接待员应随时做好三卡（预订卡、空房卡、登记卡）核对工作，在排房时做到心中有数，尽快弄清客人是否订房，随后准确领会客人的住房要求并复述，最后根据即时房态寻找客人所需的客房种类，然后再满足客人的一些特殊要求。

【检测反馈】

1. 为客人办理完入住登记手续后，还应做好哪些工作？

2. 排房的顺序是怎样的？请说出原因。

3. 参考前厅接待服务操作流程表，分组模拟表演接待服务，并参考前厅接待服务评价表进行评价。

表 6-6　前厅接待服务操作流程表

服务程序	操作标准及要求
检查整理服务台	物品分类归档，摆放位置符合操作习惯，台面整洁。
迎接客人	注意接待台附近动态，面带微笑及时问候客人，与客人有眼神交流。
	当客人出现在 3 米之外时，能向客人微笑示意，到达 1.5 米时能主动问候并询问有何需要。
询问客人是否有预订	默认客人为无预定散客。
了解需求，推荐客房	询问客人需要什么房型。
	根据客人需要针对性地介绍客房类型。
	说明酒店房价，在客房推荐上，一般采用房价由高到低的策略，高档、中档房先介绍房间再报价，低档房先报价后介绍房间。
	针对客人心理变化及时调整客房的档次或给予客人的折扣。据预设的权限打折，在特殊情况下可请示上级给予更大折扣（默认客人要求打折）。
适时介绍酒店的餐饮及其他服务项目	在办理流程中，适时介绍健身房、游泳池、Wi-Fi 等房价包含的服务，介绍房价是否包含早餐。
	当客人有特殊需求时，根据客人需求，为客人具体介绍。
确认客人入住信息	确认客人所需要入住的房型、房间数量、住店期间及房价，确认客人的付款方式。
	确认客人关于房间的特殊要求，如楼层、位置、朝向、是否吸烟。

服务程序	操作标准及要求
登记入住	根据客人需求为客人办理入住（默认宾客为内宾）。
	要求客人出示有效证件，办理证件传输，进行人脸识别验证。
	填写入住登记单请客人确认签字，留下联系方式，以便后期有遗留物品或其他需要与宾客联系，准确指示签字位置并提醒相关注意事项，注意保护客人隐私。
	正确递送单据，双手递接物品，笔尖朝向自己，将笔放置在登记单的右侧，或直接递到客人手中。
	准确收取押金（现金或信用卡）并开具证明。
	收取合理数额的押金并解释原因。
	登记客人证件并填写房卡套。
	为客人制作房卡并介绍房卡使用方法。
	询问客人是否需要寄存贵重物品或房内一次性洗漱用品。
	询问是否有开车并帮助客人录入车辆信息。
	归还信用卡（用信用卡做押金时）。
	双手递交房卡及相关物品。
礼貌道别	询问客人是否还有其他需求（客人围绕酒店客房、餐饮、娱乐等设施和服务提出一项需求）。
	并告知前台、总机联系方式。
	温馨提醒客人早餐时间及地点，询问客人是否需要行李服务，为客人指引电梯并祝客人入住愉快。
	完善客人信息，整理台面，将单据放入单据柜或背面朝上。
总体印象	竞赛中，选手精神饱满，举止优雅，表情自然大方，注意与客人交流，操作规范，不能跑动、物品落地及物品碰倒等。

表 6-7　前厅接待服务评价表

项目	操作程序及标准	分值	扣分
迎接（10 分）	整理台面，时刻关注客人，做好服务准备。	7	
	微笑问候客人。	3	
介绍（15 分）	询问客人是否有预订。	1	
	针对性地介绍酒店可出租客房类型。	4	
	介绍客房价格，且报价方式合乎规范。	7	
	适时介绍酒店餐饮、娱乐等设施服务项目。	3	
确认（10 分）	确认房间类型。	2	
	确认房价（是否含早餐）。	2	
	确认离店日期。	2	
	确认其他个性化要求。	4	
登记（34 分）	证件传输、人脸识别验证。	3	
	填写入住登记单。	8	
	正确指示签字位置，并提示客人仔细阅读相关规定。	3	
	确定预收费用，收取房费押金，提供收据，并做相关解释。	8	
	制作 IC 卡钥匙，填写房卡套。	3	
	正确递送表单、文具等用品。	3	
	询问是否有贵重物品寄存及是否需要一次性洗漱物品。	3	
	询问是否有开车并帮助客人录入车辆信息。	3	
结束（10 分）	介绍早餐时间、地点。	1	
	询问宾客有无其他需求，答复合理。	4	
	为客人指引电梯方向并询问客人是否需要行李服务。	1	
	祝客人入住愉快。	1	
	整理客人入住资料，保护客人隐私，并保持台面整洁。	3	

项目	操作程序及标准	分值	扣分
综合（21分）	服务过程中，有三次以上用姓氏称呼客人。	2	
	操作娴熟，服务亲切热情。	10	
	推荐职业，具备良好的职业素养。	5	
	精神饱满，仪表仪容符合规范。	4	
合计100分			
跑动、物品落地、物品碰倒（　　　）次扣分：			

任务二　不同客人的入住登记服务

【任务引入】

某市某学校在当地某三星级酒店为秦皇岛客人预订了两个标准间。三位客人下午6点由校方陪同入住该酒店。来到总台，服务员要求秦皇岛客人填表并出示身份证，三位客人的身份证不便取出，这时学校外联人员提出：我是通过公关销售处预订的，能否先请客人进入房间，然后由我在此办理手续。因为外联员只有一个身份证，服务员不同意。双方在僵持不下时，过来一位主管，了解此情况后，同意留下外联员一人办理手续，并用其身份证为其他客人担保，让行李员带领客人先进房间。由于入住的不顺利，又耽误了很长时间，使预订方非常不满。

【任务分析】

按照常规为客人办理入住登记，应当遵循服务程序操作标准，但一种规范不可能适应天下所有客人，这就需要在规范服务的基础上，提供灵活的非规范服务，才能让客人完全满意，所以作为前厅服务人员需要熟悉并掌握不同客人的入住登记服务。

【知识链接】

一、已预订客人的入住登记服务

表6-8　已预订客人的入住登记服务

服务程序	工作步骤及标准
接待预订客人	1. 客人抵达时，首先表示欢迎，问明客人姓名并礼貌称呼； 2. 客人到达前台但你在忙碌时，应向客人示意，表示他将不会等很久，如客人已等候多时，应首先向客人致歉； 3. 根据客人提供的信息查找订房； 4. 办理入店手续的同时，查看有无客人留言及计算机中是否注明特殊要求和注意事项。
办理入店手续	1. 请客人在登记卡上填写各项内容，问清付款方式，并签字； 2. 核对一切文件、护照、身份证、签证有效期、信用卡签字的真实性等。
提供其他帮助	1. 办完入住手续后，询问客人是否需要行李员服务； 2. 告知客人电梯的方位； 3. 祝客人住店愉快。
储存信息	1. 接待完毕，立即将有关信息输入计算机； 2. 检查信息的正确性，并输入客史档案中； 3. 将登记卡存放进客人入住档案栏中，以便随时查询。

二、未预订散客的入住登记服务

表6-9　未预订散客的入住登记服务

服务程序	工作步骤及标准
接到客人入住要求	1. 客人到店，询问是否有预订，若酒店出租率较高，需根据当时情况决定是否接纳无预订客人入住； 2. 确认客人未曾预订，酒店仍可接纳时，表示欢迎客人到来； 3. 为客人选房； 4. 检查客人在酒店是否享有特殊价或公司价； 5. 用最短的时间为客人办理完入住手续。
确认房费和收取预付款	1. 确认房费； 2. 按规定收取押金。
付款方式	若客人以现金结账，酒店预先收取客人的定金；若客人以信用卡结账，接待员影印客人信用卡，并把信用卡的卡号输入计算机中，并与登记卡一起放入客人档案中。

服务程序	工作步骤及标准
储存信息	1. 接待完毕，立即将有关信息输入计算机； 2. 检查信息的正确性，并输入客史档案中； 3. 将登记卡存放进客人入住档案栏中，以便随时查询。

三、团队客人的入住登记服务

表 6-10　团队客人的入住登记服务

服务程序	工作步骤及标准
准备工作	1. 按照团队要求提前分配好房间； 2. 在团队客人抵店前，预先备好钥匙，并与有关部门联系确保房间为可售房； 3. 将房间分配表交给领队。
接待入住	1. 接待人员与团队联络员一同礼貌地把团队客人引领至团队入店登记处，请客人登记； 2. 团队联络员告知领队、团队有关事宜，其中包括早、中、晚餐； 3. 接待人员与领队确认房间数、人数及叫早时间、团队行李离店时间； 4. 经确认后团队联络员、前台接待人员在团队明细单上签字； 5. 团队联络员和领队接洽完毕后，前台接待员协助领队发放钥匙，并告知客人电梯的位置。
储存信息	1. 办理手续，前台接待员将准确的房号名单转交礼宾部，以便发送行李； 2. 修正完毕所有更改事项后，及时将有关信息输入计算机。

四、重要客人的入住登记服务

表 6-11　重要客人的入住登记服务

服务程序	工作步骤及标准
准备工作	1. 填写 VIP 申请单，上报总经理审批签字认可； 2. 分配 VIP 房时力求选择同类房中方位、视野、景致、环境、房间保养方面处于最佳状态的客房； 3. VIP 到达酒店前，将装有房卡、钥匙等的欢迎信封及登记卡放至大堂副理； 4. 大堂副理在客人到达前检查房间； 5. 礼品发送准确无误。

服务程序	工作步骤及标准
办理入住	1. 准确掌握当天预抵 VIP 客人的姓名； 2. 以客人姓名称呼客人，及时通知大堂副理，由大堂副理亲自迎接； 3. 大堂副理向客人介绍酒店设施，并亲自将客人送至房间。
储存信息	1. 复核有关 VIP 客人资料，并准确输入计算机； 2. 在计算机中注明"VIP"以提示其他各部门或人员注意； 3. 为 VIP 客人建立客史档案，并注明身份，以备查询。

五、续住手续的办理

表 6-12　续住手续的办理

服务程序	工作步骤及标准
接到客人续住要求	1. 问清客人的姓名、房号、续住时间； 2. 了解当日和近日客房状态。
旅行社凭单结账或已付房费房间的续住	1. 向客人重申付款方式、房价，如不能享受原优惠房价，需向客人说明，必要时请示上级； 2. 根据电脑资料填写客人登记表注明续住时间和付款方式； 3. 请客人重交预付金，并通知收银处做账务处理； 4. 用计算机续住程序修改客人离店日期并输入新房价，办理续住手续； 5. 办理方式与新开房程序相同。
交预付金或已预刷卡房间的续住处理	1. 了解房间是否已结账； 2. 根据计算机资料填写"续住登记表"； 3. 需交预付金的，请客人到收银处重交预付金，对预刷卡已结账的客人，重新预刷卡； 4. 用计算机续住程序办理续住手续； 5. 电话通知客房服务中心续住情况。
换人续住房间的处理	1. 了解房间是否已结账； 2. 征得原住客同意，并做好新入住客人的登记，注明"换人续住"； 3. 确认新客人的付款方式； 4. 按规定办理入住手续； 5. 在原住客"登记表"上注明已退房及退房日期； 6. 将新客人的资料输入计算机。

六、长住客人入住程序与标准

表 6-13　长住客人入住程序与标准

程序	标准
长住户的定义	长住客人均要与酒店签订合同，并且至少留住一个月
长住户抵店时的接待	1. 当长住客人抵达酒店时，按照 VIP 客人接待程序和标准进行； 2. 总台接待立即将所有信息输入计算机，注明一般长住房 LS 或小包价长住房 LP（包含早餐）； 3. 为客人建立两份账单，一份房费单和一份杂项账目单； 4. 客人信息确认无误后，为客人建立档案。
付账程序	1. 长住户和酒店签有合同，且留住酒店时间至少为一个月，总台负责长住户工作人员每月结算一次，所以汇总所有餐厅及其他消费的账单同房费账单一起转交财务部； 2. 财务部检查无误后，发送至客人一张总账单，请其付清本月账目； 3. 客人检查账目准确无误后，携带所有账单到总台付账； 4. 总台将客人已付清的账单转交回财务部存档。

七、换房手续的办理

（一）换房的原因

表 6-14　换房的原因

提出对象	原因
住客	1. 客房本身所处位置、价格、大小、类型、噪声、舒适程度及所处楼层朝向； 2. 客房设施设备出现故障； 3. 住客人数发生变化。
酒店	1. 客房需要维修保养； 2. 住客延期离店； 3. 为团队会议客人集中排房。

（二）换房的服务程序

表 6-15　换房的服务程序

服务程序	工作步骤及标准
弄清原因	弄清（解释）换房的原因。
介绍情况 确认时间	1. 向客人介绍准备调换的客房情况； 2. 与客人协商，确定换房的具体时间。

服务程序	工作步骤及标准
填写递送表格	1. 填写"换房通知单"; 2. 将"换房通知单"送往相关部门,经签字以确认换房信息已经收到; 3. 客房部,将客人的原住房房态改为结账房; 4. 礼宾部,及时协调客人提拿行李。
向各部门传达换房信息	1. 洗衣房,及时将客人送洗的衣物送到新房间; 2. 总机,便于为客人转接电话; 3. 收银处,将换房信息输入计算机。
更改、记录信息	1. 更改、修订其原有资料; 2. 将换房信息记录在客史档案卡上。
未能马上满足客人换房要求,及时处理	1. 应向客人说明,请其谅解; 2. 做好记录要求; 3. 一旦有空房,则按客人提出换房的先后顺序予以满足。
酒店过失,及时弥补	1. 应向客人表示道歉,耐心做好解释工作,求得客人的谅解与合作; 2. 必要时,可让客人入住规格较高的客房。

【检测反馈】

1. 分组模拟表演为已预订客人的入住登记服务。

2. 分组模拟表演为未预订而直接抵店客人的入住登记服务。

3. 分组模拟表演为客人办理续住手续。

4. 分组模拟表演为客人办理换房手续。

任务三　收银服务规范用语

【任务引入】

　　一天,有位斯里兰卡客人来到南京某酒店下榻,前厅部开房员为之办理住店手续,由于确认客人身份、核对证件耽搁了一些时间,客人有些不耐烦,于是开房员便用中文向客人的陪同进行解释,言语中他随口以"老外"二字称呼客人,可巧这位陪同正是客人的妻子,结果引起客人极大的不满。事后,开房员虽然向客人表示了歉意，但客人仍表示不予谅解，给酒店声誉带来了消极的影响。

【任务分析】

这位接待员在对客服务中，对外国人不礼貌，缺乏尊重。在酒店服务中，规范接待用语是对服务人员的基本要求，我们每位员工在对客服务中，都应做到语言优美、礼貌待客，中外顾客都应等同对待，这样才能满足客人希望受到尊重的心理，才会赢得客人的满意。

【知识链接】

一、登记入住语言规范

接待员：您好。

Receptionist：Good afternoon，may I help you?

客人：你好，我在你们酒店预订了房间。

Guest：Yes. I have booked a room here.

接待员：请问您贵姓?

Receptionist：May I have your name please?

客人：免贵姓王，王君。

Guest：The name is Wang Jun.

接待员：是的，王君先生，您预订了一个标准大床间。请您和您太太填写住宿登记表。

Receptionist：Yes, Mr. Wang, you have booked a standard double room. Please fill out the registration form, both you and your wife.

客人：好的。

Guest：All right.

（客人填写完住宿登记表）

（The guests finished filling out the registration form. ）

接待员：谢谢，王先生，请在这里签名。

Receptionist：Thank you, Mr. Wang, please sign here.

客人：好的。

Guest：OK.

接待员：谢谢。请您和您太太把身份证和结婚证给我看一看。

Receptionist：Thanks. Would you please show me your ID card and marriage certificate?

客人：给你。

Guest：Here you are.

接待员：谢谢。（查验证件）您的身份证和结婚证，谢谢。您是用现金结账，是吗？

Receptionist：Thank you. （Check the ID card and certificate）Here is your ID card and Marriage certificate, thank you. You would like to pay by cash, wouldn't you?

客人：是的。

Guest：Yes.

接待员：那请您先去前厅收银处预交押金，谢谢。

Receptionist：Please come to the Front Office Cashier to pay some deposit.

客人：好的。

Guest：Certainly.

接待员：谢谢，王先生。这是您的房卡和钥匙，请在房卡上签名。您的房间在 16 楼，行李员会带您去的，祝您和太太住店愉快。

Rceptionist：Thank you, Mr. Wang. Here is your key and room card, and please sign the room card here. Your room is on the 16th floor, the bell boy will show you the way. Have a nice stay.

二、学会灵活运用日常接待用语

1. 欢迎光临我们大酒店。

Welcome to our hotel.

2. 早上好！这是接待处。

Good morning. This is reception desk.

3. 我要登记住宿。

I'd like to check in, please.

4. 您预订了吗？

Have you made a reservation?

5. 先生，您有没有预订？

Do you have a reservation with us, sir?

6. 您用什么名义预订的？

In what name did you make your reservation?

7. 您什么时候预订的?

When did you make the reservation?

8. 您有确认单吗?

Have you got a confirmation note?

9. 我通过电话在你们的酒店订了今天的房间。

I made a reservation with your hotel by phone for today.

10. 一周前, 我在网上预订了一个房间。

I booked a room on the line a week ago.

11. 我来查看以下预订单。

Let me look through our reservation list.

12. 让您久等了。

Thank you for your waiting, sir

13. 对了, 我们这儿是有您预订的房间。

Yes, we do have a reservation for you.

14. 对不起, 我们没有您的预订记录。

I'm sorry, we don't have a record of your reservation.

15. 请出示一下您的护照和签证。

Would you please show me your passport and visa?

16. 我需要用一下您的身份证。

I need your ID card for just a moment.

17. 请填写这个表格并预付 100 美元。

Would you mind filling in this form and pay $100 in advance?

18. 请在这份登记表上签字。

Please sign the registration form.

19. 这是您的预付款收据。请收好。

This is a receipt for paying in advance. Please keep it.

20. 夫人, 给您房间的钥匙。您的房间号码是 1221。

Here is your key, madam. Your room number is 1221.

21. 对不起, 我们已经客满了。但是, 我可以介绍您去金港酒店, 那里有空余的房间。

Sorry, we have no vacant room for you. But I can recommend you to Golden Port Hotel, where you may get a spare room.

22. 行李员领您去。

The bellman will show you the way up.

23. 不用谢。祝您晚安。

You're welcome. Have a nice evening.

24. 希望您在我们这里住得愉快。

Hope you'll have a happy stay here.

【检测反馈】

模拟进行中英文接待服务对话表演。

项目七　清洁保养客房

【学习目标】

1. 熟悉客房清扫的有关规定及意义；

2. 掌握客房清洁卫生的质量标准；

3. 掌握客房清扫前的准备工作，并学会整理房务工作车、识别房态表、整理客房清扫顺序；

4. 明确清扫客房的程序，掌握走客房、住客房、空房的清洁整理；

5. 掌握夜床服务与小整服务；

6. 明确客房计划卫生的意义、内容，学会安排客房计划卫生；

7. 熟悉清扫房间的操作注意事项，有职业安全知识，并提升协调及沟通能力。

任务一　客房清扫准备

【任务引入】

国庆黄金期间，S 市的酒店入住率天天爆满，这为各酒店带来了不错的营业额，酒店员工们的工作也十分繁忙。这段时间，实习生周荣每天必须要完成 13 间客房的清洁工作。在开完班前例会以后，周荣通过查看客房状况登记表得知 4210 号房的客人准备退房，前台要求周荣立刻前去查房，并做好清洁打扫工作。

周荣在接到工作任务后应该如何清扫呢? 是否应当做适当的准备工作?

【任务分析】

为了保证客房清洁整理的质量，提高工作效率，给客人创造一个温馨安宁的环境，清扫前必须了解客房清洁整理的有关规定，做好各项准备工作，而充分的准备工作则是做好客房清扫的基础。

【知识链接】

客人一旦进入房间，该客房就应看成客人的私人空间。因此，任何客房服务员都必须遵守相应的规定，不得擅自进入已入住的房间。

一、客房清扫的规定

（一）清扫工作以不打扰客人为准则

例行的客房大清扫工作，一般应在客人不在房间时进行；客人在房间时，必须征得客人同意后方可进行，以不干扰客人的活动为准则。

（二）养成进房前先思索的习惯

服务员在进房前，要尽量替住客着想，揣摩客人的生活习惯，不要因清洁卫生工作或其他事情干扰了客人的休息和起居。同时，还应想一想，是否还有其他事情要做，例如，客人在房间里用了早餐，去整理房间时，就应想到顺便把托盘带上，以便及时收拾餐具。这样做，既是为客人着想，也减少了自己不必要的往返路程。

（三）注意房门和指示灯的提示信息

凡在门外把手上挂有"请勿打扰"（don't disturb）牌子、有反锁标志，或房门一侧的墙上亮有"请勿打扰"指示灯时，不要敲门进房。如果到了14：00，仍未见客人离开房间里面也无声音，则可打电话询问。若仍无反应，说明客人可能生重病或发生其他事故，应立即报告主管。

（四）养成进房前先门通报的习惯

酒店所有员工都应养成进房前先敲门通报，待客人允许后，再进入房间的习惯。敲门通报、等候客人反应的具体步骤如下：

1. 站在距房门约 1 米远的地方，不要靠门太近。

2. 用食指或中指门 3 下（或按门铃），不要用手拍门或用钥匙开门。同时敲门应有节奏，以引起房内客人的注意。

3. 等候客人反应约 5 秒，同时眼望视镜，以利于客人观察。

4. 如果客人无反应，则重复步骤 1、步骤 3。

5. 如果仍无反应，将钥匙插门锁内轻轻转动，用另一只手按住门锁手柄。不要猛烈推门，因为客人可能仍在睡觉，又或许门上挂有安全链。

6. 开门后应清楚地通报整理房间（housekeeping），并观察房内情况。如果发现客人正在睡觉，则应马上退出，并轻轻将门关上。

7. 敲门后，如果房内客人有应声，则服务员应主动说"整理房间"，待客人允许后方可进行房间的清扫。

（五）养成开门作业的习惯

在房内作业时，必须将房门打开。如果客人不在房内，应用工作车将房门挡住。

（六）讲究职业道德，尊重客人生活习惯

1. 保持良好的精神状态，吃苦耐劳，保证应有的工作效率。

2. 不得将客用布件作为清洁擦洗的用具。

3. 不得使用或接听住客房内的电话，以免发生误会或引起不必要的麻烦。

4. 不得乱动客人的东西。

5. 不得享用客房内的设备用品，不得在客房内休息。

6. 不能让闲杂人员进入客房。如果客人中途回房，服务员也需礼貌地查验住宿凭证核实身份。

7. 如果客人在房内，除了必要的招呼和问候外，一般不主动与客人闲谈。客人主动交谈时，应婉言谢绝，不得影响客人休息和在房内的其他活动。

8. 注意了解客人的习惯和要求，保护客人隐私，满足客人的合理要求。

9. 完成工作后立即离开客房，不得在客房内滞留。

10. 服务人员只能使用工作电梯。

（七）厉行节约，注意环境保护

1. 尽可能使用有利于环境保护的清洁剂和清洁用品。

2. 在保证客房清洁整理质量的前提下，尽量节约水、电及其他资源。

3. 将废纸、有机废物、金属塑料废物分类处理，回收旧报纸、易拉罐、玻璃瓶和废电池。

4. 清洁保养以保养为首，减少清洁剂对物品的损伤。

二、客房的清洁卫生质量标准

客房的清洁卫生质量标准，一般说来包括两个方面：一是感官标准，即客人和员工凭视觉、嗅觉等感觉器官感受到的标准；二是生化标准，即防止生物、化学及放射性物质污染的标准——往往由专业卫生防疫人员来做定期或临时抽样测试与检验。

（一）感官标准

关于感官标准，客人与员工、员工与员工之间看法都不尽一致。要确定好这一标准，只有多了解客人的需求，从中总结出规律性的东西，不少酒店将其规定为"十无"和"六净"。

1. "十无"

（1）四壁无灰尘、蜘蛛网。

（2）地面无杂物、纸屑、果皮。

（3）床单、被套、枕套表面无污迹和破损。

（4）卫生间清洁，无异味。

（5）金属把手无污锈。

（6）家具无污渍。

（7）灯具无灰尘、破损。

（8）茶具、冷水具无污痕。

（9）楼面整洁，无"六害"（指老鼠、蚊子、苍蝇、蟑螂、臭虫、蚂蚁的危害）。

（10）房间卫生无死角。

2. "六净"

清扫后的房间要做到：

（1）四壁净。

（2）地面净。

（3）家具净。

（4）床上净。

（5）卫生洁具净。

（6）物品净。

（二）生化标准

客房的清洁卫生质量光用感官标准来衡量是不够的。例如，一只光亮的杯子是否清洁无法加以肯定，还必须用生化标准来衡量。客房清洁卫生的生化标准包括以下内容：

1. 茶水具和卫生间洗涤消毒标准

（1）茶水具。每平方厘米的细菌总数不得超过 5 个。

（2）脸盆、浴缸、拖鞋。每平方厘米的细菌总数不得超过 500 个。

（3）卫生间不得查出大肠杆菌群。

2. 空气卫生质量标准

（1）一氧化碳含量每立方米不得超过 10 毫克。

（2）二氧化碳含量每立方米不得超过 0.7%。

（3）细菌总数每立方米不得超过 2000 个。

（4）可吸入颗粒物每立方米不得超过 0.15 毫克。

（5）氧气含量应不低于 21%。

3. 微小气候质量标准

（1）夏天：室内温度为 22℃~24℃，相对湿度为 50%，风速为 0.1~0.15 米/秒。

（2）冬天：室内温度为 20℃~22℃，相对湿度为 40%，风速不得大于 0.25 米/秒。

（3）其他季节：室内温度为 23℃~25℃，相对湿度为 45%，风速为 0.15~0.2 米/秒。

4. 采光照明质量标准

（1）客房室内照度为 50~100 勒克斯。

（2）楼梯、楼道照度不得低于 25 勒克斯。

5. 环境噪声允许值

客房内噪声允许值不得超过 40 分贝，走廊噪声不超过 45 分贝，客房附近基本无噪声源。采用中央空调系统的酒店对客房内的湿度、温度、噪声、新风量、气流速度等均有较严格的规定，能较全面地满足人体对于舒适和卫生的要求。有的酒店还为空调器配有杀菌灯、空气净化器和负氧离子发生器，使客房的清洁卫生质量更符合生化标准。

三、客房清扫前的准备工作

为了保证清扫的质量，提高工作效率，必须做好客房清洁整理前的准备工作。这些准备工作可以分为两部分，即到岗前的准备工作和到岗后的准备工作。

（一）到岗前的准备工作

服务员进入楼层之前，通常需要做好下列六项工作。

1. 更衣

与酒店其他服务员一样，客房服务员来到酒店后，首先必须到服务员更衣室更衣。具体要求是换上工作服，并按规定穿着；佩戴好工牌，整理仪表仪容；将私人物品存放在自己的更衣柜内。

2. 接受检查

更衣后到规定的地方，接受值班经理或主管的检查，如果服务员的仪表仪容不符合要求是不允许进入工作岗位的。

3. 签到

经值班经理或主管检查认可后，服务员即可签到，也就是登记上班时间。签到的方式包括机器打卡和客房部签字报到。

4. 接受任务

服务员签到后，值班经理或主管要给每位服务员分配具体的工作任务，分配任务的方法包括书面和口头两种。给客房服务员分配任务主要是用书面形式，通常是给每位服务员一张工作表，工作表由客房中心联络员提前填好，上面注明服务员的姓名、当班楼层、负责打扫哪些客房、已知的客房状况、特殊要求和当日的其他工作任务等，填好的工作单经值班经理或主管检查后发给有关服务员。另外，很多酒店都有各部门分别召开班前会的要求，这实际上也是总结安排工作的一种形式。

表7-1 客房服务员工作表

房号	房间状况	清洁时间		床单	被套	枕套	浴巾	面巾	地巾	牙刷	浴帽	梳子	香皂	拖鞋	厕纸	垃圾袋	红茶	绿茶	擦鞋纸	洗发水	沐浴露	须刨		备注
		入	出																					
																								总计

房号	所加物品	房号	工程维修	房号	酒水消耗	房号	其他	计划卫生

5. 领取钥匙和呼叫机

服务员要在离开客房中心之前领取所在楼层的工作钥匙和呼叫机等。客房部的工作钥匙和呼叫机等通常都由客房中心联络员保管和收发，收发时必须履行规定的手续，一般是填表签名（工作钥匙收发登记表格如表 7-2 所示），也有的酒店规定客房服务员必须用自己更衣柜的钥匙交换工作钥匙。

表 7-2　工作钥匙收发登记表

钥匙名称	领取时间				领用人签名	发放人签名	归还时间				归还人签名	接受人签名
	月	日	时	分			月	日	时	分		

6. 进入楼层

以上五项任务完成后，客房服务员即可进入各自负责的客房楼层。进入楼层必须乘工作电梯或通过楼梯步行，不得乘客用电梯。

（二）到岗后的准备工作

服务员进入楼层后，除了要做好有关的其他工作外，还要为清洁整理客房做必要的准备。具体内容如下。

1. 准备好房务工作车

房务工作车的准备工作主要是看用品是否齐全。工作车的整理布置必须做到以下要求：一是清洁整齐，工作车要擦拭干净，用品摆放整齐；二是物品摆放有序，工作车上的各种物品要按重物在下、轻物在上的原则

图 7-1　房务工作车

摆放，以保证使用方便和工作车的平稳性；三是贵重物品不能过于暴露，要有一定的隐蔽性，通常放在专门用的盒子里，以防止他人顺手牵羊，减少物品的流失；四是将布件袋挂牢，将垃圾箱套上垃圾袋。如果用品不全或不足，

要补齐补足，如果工作车整理布置得不合要求，要重新整理布置。房务工作车的准备步骤如下。

（1）清洁工作车。在工作间将空置的工作车用湿抹布内外擦拭干净，检查房务工作车有无损坏。

（2）挂好垃圾袋和布件袋。将干净的垃圾袋和布件袋挂在车钩上，要把各种袋钩或袋扣挂紧，确保各种袋有足够的支撑力以放置垃圾和脏布件。

（3）放置干净布件。将干净的布件放在车架中，床单、枕套放在工作车的最下格，大浴巾、小浴巾、面巾和脚巾等放在上面的两格。

图7-2　清洁工作车

（4）放置房间用品。将房间用品（香皂、浴液，洗发液、信封、铅笔、一次性拖鞋、面巾纸等）整齐地摆放在工作车的顶架上。

（5）准备好清洁桶或清洁盆。将塑料清洁桶或清洁盆放在工作车最底层的外侧，内放清洁剂、消毒剂、尼龙刷、胶皮手套等清洁用具，注意将清洁便器和其他清洁设备的用具严格分开，专项专用。

（6）准备好干净的抹布。准备两条干净的干抹布、两条湿抹布、一条抹地布，抹布的使用一定要注意严格分开使用，一般可采用不同颜色和尺寸的抹布来区别，同时抹布一定要干净、卫生和经过消毒，房务工作车通常还应备有抹布若干。

2. 准备吸尘器

服务员要检查吸尘器是否清洁，电线及插头是否完好，集尘袋是否倒空或换过，附件是否齐全完好，同时要把电线绕好。

3. 了解、核实房态

服务员在清扫整理客房前，必须了解和核实每间客房的状况，包括住客和总台的特殊要求，以便合理安排客房的清扫整理顺序，确定清扫整理的标准。了解、核实客房状况的办法是看工作表和实地查房，通常工作表上已经标明每间客房

图7-3　吸尘器

的状况，服务员只要看工作表就可以了解，但是，面对客房状况是经常不断变化的，服务员还是应该到实地去了解核实。客房状况主要有下列各种，见下表：

表 7-3　客房状况表

房态	英文缩写	房态说明
住客房 occupied	OCC	客人正在租用的房间
走客房 check out	CO	表示客人已结账并已离开的房间
空房 vacant	V	暂时无人租用的房间
未清扫房 vacant dirty	VD	表示没有经过打扫的房间
住客外宿房 sleep out	SO	该客房已被租用，但住客昨夜未归。为了防止发生逃账等意外情况，客房部应将该类型的客房房号通知总台
维修房或称待修房 out of order	OOO	该客房因设施设备发生故障处于维修中，暂不能出租
已清扫房 vacant clean	VC	该客房已清扫完毕，可以重新出租
无行李房 no baggage	NB	表示该房间的住客无行李
请勿打扰房 don't disturb	DND	表示该客房的客人因睡眠或其他原因而不愿服务人员打扰
贵宾房 very import person	VIP	表示该客房的住客是酒店的重要客人
长住房 long stay	LS	又称"长包房"，即长期由客人包租的房间
请即打扫房 make up room	MUR	表示该客房住客因会客或其他原因需要服务立即打扫
准备退房 expected departure	ED	表示该房间的住客应在当天中午 12：00 以前退房，但现在还未退房
加床 extra bed	EB	表示该客房有加床
少量行李房 light baggage	LB	表示住客行李很少的房间

4. 确定客房清扫的顺序

服务员在确定客房清扫的顺序时，应考虑以下四点：一是满足住客的需要；二是有利客房的销售，提高客房的出租率；三是方便工作、提高效率；四是有利于客房设备用品的维护保养。由于要综合考虑以上四点，客房清扫的顺序也就没有绝对的标准，往往是根据具体的情况临时制定、灵活调整。一般情况下，客房清扫整理顺序可以参考下图。

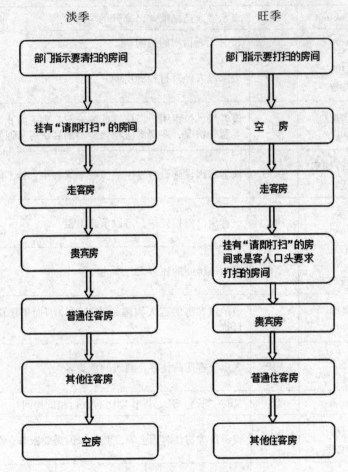

图 7-4　客房清扫整理顺序

【检测反馈】

1. 以小组为单位识别房态并合理安排客房清扫顺序。

2. 以小组为单位制作客房清洁卫生质量检查表。

3. 参考评价表，以小组为单位模拟练习客房清扫前的准备工作。

表 7-4　客房清洁整理准备工作评价表

评价内容	实训内容	评价	
		分值	得分
岗前准备	更衣	5	
	接受检查	5	
	签到	5	
	按工作任务规范开班前例会	5	
	按规范领取钥匙等相关用品用具	5	
	进入楼层	5	
岗后准备	按规范准备及整理房务工作车	20	
	准备吸尘器	15	
	了解核实房态	20	
	确定清洁整理顺序	15	
总评：			
自我评价：			
教师建议：			

任务二　清洁整理走客房

【任务引入】

晚上 10 点左右，某酒店 1105 房间入住了一位香港的李先生。住到房间后，李先生很快洗了一个澡，然后掀开已经开的夜床准备休息，却突然发现床单上有一根长长的头发，接着又发现床单似乎有些皱。于是，李先生打电话到大堂副理处投诉说："我房间的床单皱巴巴的，上面还有一根头发，肯定没有换过，我要求宾馆立即更换床单，还有，你们酒店给我提供的是一间'次品房'，因此我要求房价打折。"大堂副理迅速赶到 1105 房，发现李先生的陈述属实，便对他说："先生，真对不起，我马上让服务员更换床单，并给您的房价打八折，您看可以吗?"李先生表示接受大堂副理的处理。

【任务分析】

客房的清洁整理又称做房。为了使清洁整理工作能有条不紊地进行，同时避免不必要的体力消耗和意外事故的发生，客房服务员应根据不同状态的房间，严格按照做房的程序和方法进行清扫，使之达到酒店规定的质量标准。

【知识链接】

一、走客房清扫的基本要求

对客人刚结账退房的房间进行清扫，称为走客房的清扫。其基本要求如下。

（一）客房服务员接到通知后，应尽快对客房进行彻底清扫，以保证客房的正常出租。

（二）进入房间后，应检查房内是否有客人遗落的物品，房间的设备和家具有无损坏丢失，如发现以上情况，应立即报告领班，并进行登记。

（三）撤换茶水具，并严格洗涤消毒。

（四）对卫生间各个部位进行严格洗涤消毒。

（五）客房清扫合格后，立即通知总台，即及时通报为已清扫房，以便总台及时出租。

二、走客房的清扫程序

（一）卧室清扫程序

1. 卧室清扫程序"十字诀"

（1）开：开门、开灯、开空调、开窗帘、开玻璃窗。

（2）清：清理烟灰缸、纸篓和垃圾（包括地面的大垃圾）。

（3）撤：撤除用过的茶水具、玻璃杯、脏布件。如果有客人用过的餐具也一并撤去。

（4）做：做床。

（5）擦：擦家具设备及用品，从上到下，环形擦拭灰尘。

（6）查：查看家具用品有无损坏，配备物品有无短缺，是否有客人遗落物品，要边擦拭边检查。

（7）添：添补房间客用品、宣传品和洗涤消毒后的茶水具（此项工作后应进行卫生间的清扫整理）。

（8）吸：由里到外进行地毯吸尘，同时对清扫完毕的卫生间地面吸尘。

（9）关（观）：观察房间清洁整理后的整理效果，关玻璃窗、关纱帘、关空调、关灯、关门。

（10）登：在"服务员工作日报表"上做好登记。

2. 卧室清扫的具体操作规范

（1）按照酒店规定的进入客房的规范开门进房，将房门打开（可用顶门器把门支好），房间清理完毕后才关门。开门打扫卫生的意义有三点。

①表示该客房正在清扫。

②防止意外事故的发生。

③有利于房间的通风换气。

（2）检查灯具。打开房间里所有灯具开关，检查灯具是否有问题，检查后随手将灯关上，只留清洁用灯，一旦发现灯具有缺损，立即通知维修人员前来更换。

（3）拉开窗帘、打开玻璃窗。拉开窗帘时应检查窗帘是否脱钩和损坏情况，必要时应打开空调，加大通风量，保证室内空气的清新，同时检查空调开关是否正常。

（4）观察室内情况。主要是检查客人是否有遗落物品和房内设备用品有无丢失损坏，以便及时报告领班。

（5）清理烟灰缸和垃圾。

①将烟灰缸里的烟灰倒入指定的垃圾桶内，在浴缸洗净烟灰缸，用布擦干、擦净。注意不要有未熄灭的烟头，也不能将烟头等赃物倒入坐便器内，以免坐便器堵塞。

②收拾桌面和地面的垃圾及尖硬物品，将其放进垃圾桶或纸篓中。

③清理纸篓（垃圾桶）。为了防止火灾，纸篓一般由不锈钢材料制成。倒纸篓时，可先检查纸篓内有无贵重的东西。若有，则要及时清理。在清理纸篓时，如发现有电池或刮胡刀片或碎玻璃片等锐利废弃物，应单独处理。

（6）撤走房内用餐的桌、盘、杯、碟等。

（7）撤走用过的茶水具、玻璃杯等。

（8）撤走用过的床单和枕套，把脏布件放进房务工作车内。

①在撤床单时，要抖动几次，确认里面无衣物或其他物品。

②若发现床单、褥垫等有破损及受污染的情况，应立即报告领班。

③注意不要把布件扔在地毯或楼面走道上。

④撤床。注意先撤枕头被子再撤床单，并观察布件是否清洁完好，禁止猛拉床单。

⑤收去脏布件后，带入相应数量的干净布件，放置在椅子上。

（9）铺床。按铺床的程序换上新的床单、枕套，铺床的方法由于各酒店要求不同而存在差异。

（10）擦拭灰尘，检查设备。从房门开始，按环形路线依次把房间内各种家具、用品抹干净，不漏擦，在除尘中注意需要补充的客用品和宣传品数量，同时检查设备是否正常，并注意擦拭墙脚线。擦拭顺序如下：

①房门。房门应从上到下、由内而外抹净，把窥视镜、防火通道图擦干净，查看门锁是否灵活，"请勿打扰"牌、"早餐"牌有无污迹。

②风口和走廊灯。风口和走廊灯一般定期擦拭，擦走廊灯时应注意使用干抹布。

③壁柜。擦拭壁柜要仔细，要把整个壁柜擦净，抹净衣架、挂衣棍，检查衣架、衣刷和鞋拔子是否齐全。

④酒柜。仔细擦净整个酒柜。

⑤行李架（柜）。擦净行李架（柜）内外，包括挡板。

⑥写字台、化妆台。

——擦拭写字台抽屉，应逐个拉开擦。如果抽屉仅有浮尘，则可用干抹布"干擦"，同时检查洗衣袋、洗衣单及礼品袋（手拎袋）有无短缺。

——从上到下擦净镜框、台面、梳妆凳，注意对桌脚和凳腿的擦拭，可用半湿抹布除尘。

——擦拭梳妆镜面要用一块湿润的和一块干的抹布。操作时要小心和注意安全，擦拭完毕，站在镜子侧面检查，镜面不得有布毛、手印和灰尘等。

——擦拭台灯和镜灯时，应用干布，切勿用湿布抹尘。如果台灯线露在写字台外围，将其收好，尽量隐蔽起来，灯罩接缝朝墙。

——写字台上如有台历，则需每天翻面。

——检查写字台物品及服务夹内物品，如有短缺或破旧，应添补或调换。

⑦电视机。用干抹布擦净电视机外壳和底座上的灰尘，然后打开开关，检查电视机有无图像，频道选用是否准确，亮度是否适度。

⑧地灯。用干抹布抹净灯泡、灯罩和灯架，注意收拾好电线，将灯罩接缝朝墙。

⑨窗台。先用湿抹布，然后再用干抹布擦拭干净，推拉式玻璃窗的滑槽如有沙粒，可用刷子加以清除，最后将玻璃窗和窗帘左右拉动一遍。

⑩沙发、茶几。擦拭沙发时，可用干抹布掸去灰尘，注意经常清理沙发

背后与沙发垫缝隙之间的脏物，先用湿抹布擦去茶几上的污迹，然后用干抹布擦干净，保持茶几的光洁度。

⑪床头挡板。用干抹布擦拭床头灯泡、灯罩、灯架和床头挡板，切忌用湿抹布擦拭。

⑫床头柜。

——检查床头柜各种开关，如有故障，立即通知维修。

——调整好床头柜的电子钟。

——擦拭电话机时，首先用耳朵听有无拨号音，然后用湿抹布抹去话筒灰尘及污垢，用医用酒精棉球擦拭话机。

——检查放在床头柜上的服务用品是否齐全，是否有污迹或被客人用过。

⑬装饰画。先用湿抹布擦拭画框，然后再用干抹布擦拭画面，摆正挂画。如果服务员身高不够，需要借助他物以增高，应注意垫一层干净的抹布或脱鞋操作，防止弄脏他物。

⑭空调开关。用干抹布擦去空调开关上的灰尘。

（11）按酒店规定的数量和摆放规格添补客用品和宣传品。

①用干净的托盘将已消毒的茶水具、玻璃杯等用具托至房间中。

②更换添补的物品均应无水迹和脏迹。

（12）清洁卫生间。按卫生间的清扫程序操作。

（13）吸尘。由里到外按地毯表层毛的倾倒方向进行吸尘，梳妆凳、沙发下，窗帘后、门后均要吸到；拉好纱帘，关好玻璃窗，调整好家具摆件；用吸尘器吸干净卫生间地面残留的尘埃。

（14）服务员离开客房之前要自我检查和回顾一遍，看是否有漏项，家具摆放是否正确，床是否美观，窗帘是否拉到位等，如有漏项应及时补做。

（15）关掉空调和所有灯具，然后将房门锁好。

（16）登记客房清洁整理情况。每间客房清扫完成后，要认真填写清扫进出客房的时间，所用布件、服务用品、文具用品的使用和补充情况，以及需要维修的项目和特别工作等。

（二）卫生间清扫程序

1. 卫生间清扫"十字诀"

（1）开：开灯、开换气扇。

（2）冲：放水冲坐便器，滴入清洁剂。

（3）收：收走客人用过的毛巾、洗浴用品和垃圾。

（4）洗：清洁浴缸、墙面、脸盆和抽水坐便器。

（5）擦：擦干卫生间所有设备和墙面。

（6）消：对卫生间各个部位进行消毒。

（7）添：添补卫生间的棉织品和消耗品。

（8）刷：刷洗卫生间地面。

（9）吸：用吸尘器对地面吸尘。

（10）关（观）：观察和检查卫生间工作无误后即关灯并把门虚掩，将待修项目记下来上报。

2. 卫生间清扫的具体操作规范

（1）打开浴室的灯，打开换气扇，将清洁工具盒放进卫生间。有的酒店还在卫生间入口放上一块毛毡，防止将卫生间的水带入卧室。

（2）放水冲净坐便器，然后在抽水坐便器的清水中倒入酒店规定数量的坐便器清洁剂。注意不要将清洁剂直接倒在釉面上，否则会损伤抽水坐便器的釉面。坐便器清洁剂要浸泡数分钟后方能发挥效用。

（3）取走用过的"五巾"，放清洁车上的布袋中（可留下一块大浴巾和脚巾，以备后用）。

（4）收走卫生间用过的消耗品，清理纸签。

（5）将烟灰倒入指定的垃圾桶内。烟灰缸上如有污迹，可用海绵块蘸少许清洁剂去除（烟灰缸的清理也可与卧室烟灰缸一并进行）。

（6）清洁浴缸。

①将浴缸旋塞关闭，放少量热水和清洁剂，用百洁布从墙面到浴缸里外彻底清刷；开启缸活塞，放走污水。打开水龙头，让温水冲刷墙壁及浴缸（可配备一条1米左右的塑料管做冲水用），此时可将浴帘放入浴缸加以清洁。用干布把墙面、浴缸、浴帘擦干。

②浴缸内如放置有橡胶防滑垫，则应视其脏污程度用相应浓度的清洁剂刷洗，然后用清水洗净，最后可用一块大浴巾裹住垫子卷干，这是唯一允许将客用品做清洁用的物件。

③擦洗墙面时，也可采取另外一种方法，即先将用过的脚巾放浴缸，然后用蘸上中性清洁剂的海绵或抹布清洁浴缸内侧的墙面，随后立即抹干。

④用海绵随少许中性清洁剂擦拭镀铬金属件，包括开关、水龙头、浴帘杆、晾衣绳盒等，擦去皂垢、水斑后用干抹布擦干、擦亮金属件。

⑤注意清洁并擦干墙面与浴缸的接缝处，以免发霉。

⑥注意清洁浴缸的外侧。

⑦清洁金属件时，不能使用酸性清洁剂，以免"烧坏"电表层。

⑧留意对皂盒缝隙的清洁，必要时可用牙刷刷净。

⑨由上至下清洁浴缸。

（7）清洁脸盆和化妆台（云台）。

①用百洁布蘸上清洁剂清洁台面、脸盆，然后用清水刷净，用布擦干。

②用海绵蘸少许中性清洁剂擦除脸盆不锈钢件上的皂垢、水斑，然后用干布擦干、擦亮。

（8）注意擦毛巾架、浴中架、卫生间服务用品的托盘、吹风机、电话副机、卫生纸架等，并检查是否有故障。

（9）擦干镜面。可在镜面上喷少许玻璃清洁剂，然后用干抹布擦亮。

（10）清洁坐便器。

①用坐便器刷清洁坐便器内部并用清水冲净，要注意对抽水坐便器的出水孔和入水孔的清刷。

②用中性清洁剂清洁抽水坐便器水箱、座沿盖子的内外及外侧底座等。

③用专用的干布将抽水坐便器擦干。

④浴缸、坐便器的干、湿抹布应严格区别使用，禁止用"五巾"做抹布。

（11）对卫生间各个部位消毒。客人退房后，服务员的第一项工作就是对卫生间进行消毒。卫生间消毒的方法有多种，无论选用哪种方法，都必须对卫生间进行严格消毒。

①适用酒店淡季或计划卫生时的消毒方法。

——用2%～3%的来苏水液擦拭消毒。

——用"84"消毒液进行擦拭消毒。

——消毒完毕，要紧闭门窗约2小时，然后进行房通风。

②擦拭完卫生间卫生洁具后，将消毒剂装在高压喷罐中，喷洒消毒。

③在清洁剂中加入适量的消毒剂，或者采用杀菌去污剂，以达到清洁消毒的双重目的，此种方法操作比较简便，但消毒剂的腐蚀性和毒性会对人体造成损害，故必须小心使用并注意防护。最后还必须清洁和擦干所有痕迹和残留的余渣，以免损伤客人的肌肤。

（12）补充卫生间的用品。按规定的位置摆放好"五巾"和浴皂、香皂、牙具、浴液、洗发液、梳子、香巾纸（面纸）、卫生卷纸及卫生袋等日用品。走客房的客用品必须全部更新，为下一位客人提供全新的住宿条件。

（13）拉好浴帘，一般拉出 1/3 即可。

（14）清洁脸盆下的排水管。

（15）从里到外边退边抹净地面。如有必要，可用百洁布蘸一定比例的清洁剂进行刷洗，用净水冲洗，特别注意对地漏处的清刷，最后擦干地面。

（16）吸尘。以保证卫生间不留一丝线头、毛发和残渣。

（17）环视卫生间和房间。检查是否有漏项和不符合规范的地方，然后带走所有的清洁工具，将卫生间门半虚掩，关上浴室灯。

3. 清洁卫生间注意事项

（1）清洁卫生间时必须注意不同项目使用不同的清洁工具和清洁剂，绝不能一张抹布抹到底。

（2）卫生间的清洁卫生一定要做到：整洁、干燥、无异味、无毛发、无污迹、无皂迹和无水迹。

（3）对于浴缸的旋塞，必要时可以取出来清洁。清洁时，需彻底冲洗滤网，重新安上旋塞时，要拧紧。清洁脸盆活塞也可如此进行清洁。

（4）可在卫生间的金属制品上涂一层薄蜡，以免因脏水溅污而产生锈斑。

（5）清洁卫生间必须配备合适的清洁工具和清洁用品，要了解清洁剂和消毒剂的使用方法，以便有效地进行清洁工作。

【检测反馈】

在 30 分钟内完成走客房的清洁整理工作，走客房的清洁整理一般应完成服务准备、规范进房、清洁整理房间、客房检查四个步骤。以小组为单位进行实操练习，并参考清洁整理走客房评价表进行练习。

表 7-5　清洁整理走客房评价表

实训内容	操作要领	分值	得分
仪容仪表	服务牌佩戴在外衣左上方、服装整洁、鞋袜洁净，头发、指甲、饰物等均符合职业要求	10 分	
了解房态	正确分析房态，决定操作顺序	3 分	
整理布草车	物品摆放符合规范，所带物品数量符合要求	5 分	
敲门	仪态端庄大方，正确按照敲门程序，用工作车挡在客房门口，插上房卡，拉开窗帘	5 分	
清理垃圾及布草	清理房内及卫生间内的垃圾桶，正确使用垃圾袋，撤换布草符合规范，正确使用布草车，清理烟灰缸	5 分	

实训内容	操作要领	分值	得分
铺床	符合铺床程序，甩单一次成型，床单正反面正确，四个包角紧密平整及样式一致，中心线居中，床面平整挺括，被套开口在床尾，被芯在被套内平整，开口平整且收口均匀，枕套开口方向正确，各布草相距距离符合铺床要求	20 分	
抹尘	正确使用干湿抹布，擦拭符合清扫原则，不遗漏所有需要擦拭的地方，能正确检查电器设备的完好，达到清扫标准	5 分	
清洗卫生间	按照正确的卫生间清扫程序，使用正确的清洁剂和清洁用具清扫器具，检查淋浴和浴缸塞等是否完好，达到清扫标准	20 分	
补充用品	物品配备齐全，配备的物品按标准要求摆放	5 分	
吸尘	正确使用吸尘器，操作动作规范，符合操作标准，清理吸尘器	5 分	
检查登记	环视房间，检查物品是否备齐到位，检查灯、关空调，取出房卡，并做好登记	2 分	
综合表现	操作过程动作娴熟、敏捷，操作符合程序，房间整体干净、清洁、无毛发、无污渍、无灰尘，物品配备齐全，摆放规范、整洁	10 分	
整体操作时间	标准时间为 30 分钟，每提前 1 分钟加 1 分，每超过 1 分钟扣 1 分	5 分	
总分		100 分	
评价：			

任务三 其他客房的清扫

【任务引入】

春节期间，金茂酒店的客房非常紧张。客房服务生周荣迅速地清扫走客房、整理已清扫房，来满足急于入住客人的要求，在整理完后，周荣开始整理住客房，按照要求整理好房间为客人创造一个舒适的环境。现在，周荣有个困惑：清洁整理走客房和住客房的程序及方法是一样的吗？

【任务分析】

客房的清洁整理程序通常走客房最为复杂，而住客房、空房等其他房态的清扫程序都有所减少，但考虑到客人的需求不同，所以操作方法也有所不同。

【知识链接】

一、住客房的清扫

住客房清洁的程序大致与走客房相同，但要注意以下几点。

（一）进入客人房间前先敲门或按门铃。房内若有人应声，则主动征求意见，得到允许后方可进房，房内无人方可直接进入。

（二）如果客人暂不同意清扫客房，则将客房号码和客人要求清扫的时间写在工作表上。

（三）清扫时将客人的文件、杂志、书报稍加整理，但不能弄乱位置，更不能翻看。

（四）除放在纸篓里的东西外，即使是放在地上的物品也只能替客人做简单的整理，千万不要自行处理。

（五）客人放在床上或搭在椅子上的衣服，如不整齐，可挂到衣柜里，睡衣、内衣也要挂好或叠好放在床上。女宾住的房间更需小心，不要轻易动房间内的衣物。

（六）擦壁柜时，只搞大面卫生即可。注意不要将客人的衣物弄乱、弄脏。

（七）擦拭行李架时，一般不挪动客人的行李，擦去浮尘即可。

（八）女性用的化妆品，可稍加整理，但不要挪动位置。即使瓶内的化妆品已经用完了，也不得将空瓶或纸盒扔掉。

（九）不要随意触摸客人的照相机、笔记本电脑、手机、笔记本和钱包等物品。

（十）房间里有客人时，可随从客人意见或将空调开到中档，无人时则开到低档。

（十一）房间整理完毕后，若客人在房间内，要向客人表示谢意，然后退后一步，再转身离开房间，轻轻将房门关上。

二、空房的清扫

空房的整理虽然较为简单，但必须每天进行，以保持其良好的状况。

（一）每天进房开窗、开空调，通风换气。

（二）用干抹布除去家具、设备及物品上的浮尘。

（三）每天打开浴缸和脸盆水龙头放温水 1~2 分钟，按 1~2 次抽水坐便器的抽水按钮，放水。

（四）如果房间连续几天为空房，则要用吸尘器吸尘一次。

（五）检查房内有无异常情况。检查浴室内"五巾"是否因干燥而失去弹性和柔软度，必要时要在客人入住前更换。

三、夜床服务

夜床服务又称"晚间服务"。夜床服务的内容包括做夜床、房间整理、卫生间整理三项，是一种高雅而亲切的对客服务形式。做夜床其意义主要是方便客人休息，整理环境，使客人感到舒适温馨，同时表示对客人的欢迎和礼遇。

（一）夜床服务操作程序

夜床服务通常在 18：00 以后开始。

1. 进客房要敲门或按门铃，并通报自己的身份和目的是夜床服务（turn down service）。如果客人在房内，需经客人同意方可进入，并礼貌地向客人道晚安；如果客人不需要开夜床，服务员应在开夜床报表上做好登记。

2. 开灯，并将空调开到指定的刻度上。

3. 轻轻拉上遮光窗帘和二道帘。

4. 开床。

（1）将被子向外折成 45 度角，以方便客人就寝。

（2）拍松枕头并将其摆正，如有睡衣应叠好放置于枕头上。

（3）按酒店规定在床头上放上鲜花、晚安卡、早餐牌或小礼品等。

（4）双床房住一人时以床头柜为准，开墙边近浴室的一张床，折角应朝向卫生间；两人入住大床房时，可两边都开；两人入住标准间，则各自开靠床头柜的一侧，也可同方向开。

（5）酒店如提供一次性拖鞋，则在开夜床折扣处地上摆好拖鞋。

5. 清理烟灰缸、桌面和倒垃圾，如有房内用餐的餐具也一并撤除。

6. 按要求加注冰水，放报纸，将酒店提供的浴衣摊开在床尾。

7. 如有加床，则在这时打开整理好。

8. 整理卫生间。

（1）抽水坐便器放水。

（2）脸盆、浴缸如已使用过，应重新擦洗干净。

（3）将地巾放在浴缸外侧的地面上。

（4）将浴帘放入浴缸内，拉出 1/3，提示客人淋浴应将浴帘拉上并放入浴缸内，避免淋浴的水溅到地面。

（5）将用过的毛巾收取并换上干净的毛巾，也可将用过的毛巾按规定整理后摆好。

（6）如有加床，应增添一份客用品。

9. 视检一遍卫生间及房间。

10. 除夜灯和走廊灯外，关掉所有的灯并关上房门。如果客人在房内，不用关灯，向客人道别后退出房间，轻轻将房门关上。

11. 在开夜床报表上登记。

四、小整服务

小整服务的内容大致与夜床服务相同，主要是整理客人午睡后的床铺，必要时补充茶叶等用品，使房间恢复原状。有的酒店还规定对有午睡习惯的客人，在其去餐厅用餐时应迅速给客人开床，以便客人午休，等等。

小整服务一般是为 VIP 客人提供的，是否需要提供小整服务，以及小整服务的次数等，各酒店可根据自己的经营方针和房价的高低等做出相应的规定。

【检测反馈】

1. 参考评分表 7-6，完成清扫住客房。

表 7-6　清洁整理住客房评价表

评价内容	实训内容	评价	
		分值	得分
服务准备	按工作任务规范开班前例会	5	
	按规范领取钥匙等相关用品用具	5	
	按规范准备及整理房务工作车	5	
	核实房态	5	
	确定清洁整理顺序	5	
规范进房	符合敲门及进房的规范标准	5	
整理卧室	按规范流程合理地进行清洁整理	10	
	正确选择及使用清洁用具	10	
	按正确的方法整理客人私人物品	10	
中式铺床	6 分钟 30 秒内完成两张中式铺床	10	
添补客用物品	按规范配置进行添补，物品摆放到位	10	
清洁卫生间	操作流程规范合理	10	
	正确选择及使用清洁用具	10	

总分：

自我评价：

教师建议：

2. 参考评分表7-7，完成清扫空房。

表 7-7 清洁整理空房评价表

评价内容	实训内容	评价	
		分值	得分
服务准备	按工作任务规范开班前例会	5	
	按规范领取钥匙等相关用品用具	5	
	按规范准备及整理房务工作车	5	
	核实房态	5	
	确定清洁整理顺序	5	
规范进房	符合敲门及进房的规范标准	5	
整理卧室	按规范流程合理地进行清洁整理	10	
	正确选择及使用清洁用具	10	
	检查房内有无异常	10	
添补客用物品	按规范配置进行添补，物品摆放到位	10	
清洁卫生间	操作流程规范合理	10	
	试用水龙头和按抽水坐便器的抽水按钮	10	
总分：			
自我评价：			
教师建议：			

3. 参考评分表 7-8，完成夜床整理。

表 7-8　夜床整理评价表

评价内容	实训内容	评价	
		分值	得分
服务准备	按工作任务规范开班前例会	5	
	按规范领取钥匙等相关用品用具	5	
	按规范准备及整理房务工作车	5	
	核实房态	5	
	确定清洁整理顺序	5	
规范进房	符合敲门及进房的规范标准	5	
整理卧室	按规范流程合理地进行清洁整理	10	
	正确选择及使用清洁用具	10	
	开夜床位置正确	10	
	合理摆放夜床晚安礼品	10	
	按要求整理卧室、卫生间	10	
添补客用物品	按规范配置进行添补，物品摆放到位	10	
总分：			
自我评价：			
教师建议：			

任务四　实施计划卫生

【任务引入】

某公司一行三人前往一家四星级酒店，准备考察该酒店的会议场所，因为该公司下月将举办为期三天的新产品演示会，一行人在酒店营销部经理的陪同下前往会议厅参观。会议厅的布局、设施设备及面积均符合此次会议的要求，营销部经理也胸有成竹地准备接下这单生意，不过，一行人在会议厅待了一阵后总觉得有不对劲的地方。原来会议厅内不时散发出阵阵轻微的怪气味，像是霉味，后来发现，怪味来自地毯，客人对营销部经理说："谢谢您带我们参观，我们会认真考虑。"自此以后，该公司再也没有与这家酒店营销部联络，最终，此次会议定在了另外一家四星级酒店。

【任务分析】

出现地毯发霉的现象实在四星级酒店实则是不应该的。地毯在日常清洁保养中，必须采取防污防脏的措施，经常吸尘，局部除迹，尤其在"梅雨季节"之后，对于潮湿的地毯，要进行一次大面积的清洗和保养，防止其发霉，从而影响到使用寿命，也影响到酒店的形象。这就需要客房部做出合理的计划卫生，应该如何实施呢？

【知识链接】

一、计划卫生的意义

客房的计划卫生是指在做客房的日常清洁保养的基础上，拟订一个周期性清洁计划，采取定期循环的方式，将客房中平时容易清扫不彻底的地方全部清扫一遍。重视并做好计划卫生工作，可以提高客房清洁保养工作的质量，保证客房设备设施处于良好的状态。

二、客房计划卫生的内容

计划卫生的内容及时间安排，各酒店要根据自己的设施设备情况和淡旺季进行合理的安排。

（一）计划卫生的内容

1. 除日常的清扫整理工作外，规定每天对某一部位或区域进行彻底的大扫除。例如，对日常清扫不到的地方排定日程，每天或隔天清扫这一部位，经过若干天对不同部位的彻底清扫，就可以完成全部房间的大扫除。

2. 季节性大扫除或年度性大扫除：清扫对象不仅包括家具，还包括设备和床上用品。

（二）楼层周期性计划卫生项目

客房计划卫生项目较多，根据循环周期的不同，通常分为短期、中期、长期客房计划卫生项目。

短期客房计划卫生项目是指在 1 个月内应完成的卫生项目，它周期短、项目多，但操作简单，通常由楼层服务员来完成。

中期客房计划卫生通常为1~6个月内应完成的卫生项目，如软面椅子坐垫、靠背的清洗、软墙面清洁等，通常周期性由客房服务员完成。

长期客房计划卫生通常为半年到一年的卫生项目，如厚窗帘、床罩、毛毯等，需要与季节性大扫除或年度大扫除结合起来，集中在淡季进行清洁保养，由客房服务员完成，也有部分请专业技术人员完成。

下面介绍某酒店楼层计划卫生项目及时间安排（如表7-9所示）。

表7-9　楼层计划卫生项目及时间安排

每天	3天	5天
1. 清洁地毯、墙纸污迹； 2. 清洁冰箱，打扫灯罩上的灰尘； 3.（空房）放水	1. 地漏喷药（长住逢五）； 2. 用玻璃清洁剂清洁阳台、房间的窗玻璃和卫生间镜子； 3. 用鸡毛掸清洁壁画	1. 清洁卫生间抽风机机罩； 2. 清洁（水洗）吸尘器保护罩； 3. 员工卫生间水箱虹吸、磨洗地面
10天	**15天**	**20天**
1. 空房坐便器水箱虹吸； 2. 清洁卫生间抽风主机网； 3. 清洁走廊出风口	1. 清洁热水器、洗杯机； 2. 冰霜除霜； 3. 用医用酒精棉球清洁电话机； 4. 清洁空调出风口、百叶窗	1. 清洁房间回风过滤网； 2. 用擦铜水擦铜家具、烟灰缸、房间指示牌
25天	**30天**	**一季度**
1. 清洁制冰机； 2. 清洁阳台地板和阳台内侧喷塑面； 3. 墙纸、遮光帘吸尘	1. 翻床垫； 2. 抹拭消防水龙带和喷水枪及胶管； 3. 清洁床罩（12月至次年3月，每15天洗一次，4月至11月一季度洗一次）	1. 干洗地毯、沙发、床头板； 2. 干（湿）洗毛毯； 3. 吸尘器加油（保养班负责完成）
半年	**一年**	**说明**
清洁纱窗、灯罩、床罩△、保护垫△	1. 清洁遮光布△； 2. 红木家具打蜡△； 3. 湿洗地毯（2、3项由保养班负责完成）	有△项目由财产主管具体计划，组织财管班完成，注意与楼层主管在实际工作中协调

三、客房消毒

在客房的消毒工作中，每位服务员都必须加强责任心，明确消毒目的，了解消毒的基本原理，熟悉常用的消毒方法。

（一）客房消毒的要求

1. 卧室

卧室应定期进行预防性消毒，包括每天的通风换气、日光照射以及每星期进行一次紫外线或其他化学消毒剂灭菌和灭虫害，以保持卧室的卫生，预防传染病的传播。

2. 卫生间

卫生间的设备、用具易被病菌污染，因此，卫生间必须做到天天彻底清扫，定期消毒，经常保持整洁。

（1）每换一位客人就必须进行严格消毒。

（2）每周对地面喷洒杀虫剂一次，尤其注意对地漏处的喷洒。

3. 茶杯、酒具

（1）走客房的杯具必须统一撤换，进行严格的洗涤消毒。

（2）客人用过的杯具每天都必须撤换，统一送杯具洗涤室进行洗涤消毒。

（3）楼层应配备消毒设备和用具。

4. 客房工作人员

（1）严格实行上下班换工作服制度，让工作服起到"隔离层"的作用。

（2）清洁卫生间时，应戴好胶皮手套。

（3）每天上下班用肥皂清洁双手，并用消毒剂对双手进行消毒。

（4）定期检查身体，防止疾病传染。

（二）常用的消毒方法

消毒方法很多，大致可以分为通风与日照消毒、物理消毒和化学消毒三大类。下面介绍几种常用的方法。

1. 通风与日照

（1）室外日光消毒：利用阳光的紫外线，可以杀死一些病菌。例如，定期翻晒床垫、床罩、被褥，既可起到消毒作用，又可使其松软舒适。

（2）室内采光：室内采光是指让阳光通过门窗照射到地面，以杀死病菌。例如，冬季利用3小时日照，夏季利用2小时日照，可杀死空气中的大部分致病微生物。

（3）通风：通风不仅可以改善空气环境，而且可以防止细菌和螨虫等滋生。因此改进客房的通风和空调效果，也是客房消毒常用的方法。

2. 物理消毒

（1）高温消毒：高温消毒可分为煮沸消毒与蒸汽消毒两种。其原理是在高温中，菌体内的蛋白质凝固致使其死亡。

①煮沸消毒法：煮沸消毒法是将洗刷干净的杯具置于 100 摄氏度的沸水中煮 15~30 分钟的消毒方法。此法适用于瓷器，但不适用于玻璃器皿。

②蒸汽消毒法：蒸汽消毒法是将洗刷干净的杯具和酒具等放到蒸汽箱中，蒸 15 分钟的消毒方法。此法适用于各种杯具、酒具及餐具。

（2）干热消毒法：干热消毒法是通过氧化作用，将微生物细胞原生质破坏，致使其死亡的消毒方法。干热消毒法主要有：

①干烤法：多采用红外线照射灭菌，目前客房楼层常用的消毒柜多属此类。操作程序是将洗刷干净的杯具放入消毒柜中，然后将温度调至 120 摄氏度，干烤 30 分钟即可。

②紫外线消毒法：紫外线消毒法一般安装一支 30 瓦紫外线灯管，灯距地面 2.5 米左右，每次照射 2 小时。此法可用于消毒卫生间的空气。

3. 化学消毒

化学消毒剂能使微生物菌体内的蛋白质变性，干扰微生物的新陈代谢，抑制其快速繁殖及溶菌。

（1）浸泡消毒法：浸泡消毒法一般适合于杯具的消毒。使用浸泡消毒法，必须先把化学消毒剂溶解，同时严格按比例调制好，才能发挥效用。如果浓度过低，达不到消毒的目的；浓度过高则易留下余毒，伤害人体。

浸泡消毒的操作方法是：将洗刷干净的杯具分批放入消毒溶液中浸泡 5 分钟，后用净水冲净并擦干即可。常用的化学消毒剂溶液有几种：氯胺 T 钠、漂白粉、高锰酸钾、"84" 消毒液、TC-101。

（2）擦拭消毒法：即用化学消毒剂溶液擦拭客房设备、家具，以达到消毒的目的。

①房间：服务员打扫完卫生后即可用苯酚水溶液、来苏水化学消毒溶液进行擦拭消毒。

②卫生间：用 2%~3% 的来苏水溶液或 "84" 消毒液稀释液擦拭卫生间洁具。消毒完毕，紧闭门窗约 2 小时，然后进行房间通风。

（3）喷洒消毒：为了避免对人体肌肤的损伤，可采用喷洒方法消毒。禁止将漂白粉与酸性清洁剂同时使用，以免发生氯气中毒。

四、虫害的控制

酒店虫害的控制从来都是一项不容忽视的任务，而客房区域又要首先考虑。虫害几乎是无孔不入的，它不仅可对食品、纺织品、电线、管道等造成损坏，甚至还可酿成事故或灾难，无论对客人或是酒店，其后果是不堪设想的，因此防治虫害是客房清洁卫生工作的一项重要内容。

（一）虫害的诱因和类别

所有的虫害生存和繁衍的必要条件是食物和水，所以如果酒店内有通风不佳、环境潮湿、垃圾生根、残羹剩饭乱倒、新鲜食物控制不当的现象，虫害的滋生和蔓延就有了可乘之机。而先天或外界的一些因素也能造成虫害。虫害的类别分为：昆虫类（苍蝇、蟑螂、蚊子）、啮齿类（褐家鼠、小家鼠）、菌类（真菌）。

（二）虫害防治的基本办法

虫害的防治，既要治标又要治本。

1. 控制虫害的起因

（1）外来货物必须经过检查认可。

（2）食物不许随手乱丢。

（3）对垃圾要进行严格的卫生管理。

（4）做好地下室、库房、阳台等死角的计划卫生。

（5）酒店必须从各个环节控制好环境卫生，这包括对于建筑装饰材料的防护处理，堵塞漏洞及修补纱窗、纱帘的破洞等。

2. 及时发现和治理虫害

多数害虫昼伏夜出，如果虫害不是已经泛滥的话，白天是不易发现其活动的。因此，酒店员工都必须警惕虫害的迹象，发现问题及时汇报，以便尽早采取措施处理。

3. 聘请专家或专业公司

虫害的防治需要专门的技术和经验，聘请专家或专业公司，订立服务合同是一个明智而有效的方法。

【检测反馈】

实地参观，当地酒店客房部参观，请客房经理介绍该酒店客房计划卫生的制订方法以及实施策略，并以小组为单位，分组讨论酒店的周期清洁项目，并制定一个酒店清洁区周期清洁项目日程表。共同讨论项目表中卫生项目的清洁方法和将会使用到的清洁器具，填写评价表。

表 7-10　制定周期清洁项目评价表

评价内容	实训内容	评价	
		分值	得分
表格设计	清洁区周期清洁的项目制定	20	
	清洁工具的选择	10	
	清洁项目方法的选择	20	
	合理确定清洁的周期	20	
协作能力	解决问题的能力	10	
	沟通能力	10	
	创新能力	10	
总分		100	
总评：			
自我评价：			
教师建议：			

项目八 中餐宴会服务程序

【学习目标】

1. 了解宴会销售预订人员的要求；

2. 理解宴会预订的联络方式；

3. 掌握并熟练运用宴会预订的程序；

4. 掌握宴会餐前准备相关内容；

5. 掌握并会熟练运用宴会餐中服务程序；

6. 掌握宴会结束相关工作。

任务一 预订服务

【任务引入】

在宴会预订处工作的小冉星期一接到某外资企业的电话预订，要求安排20位美国客人的商务宴会，每人餐费标准40美元，酒水5美元，其中有5人吃素，时间定在星期五晚上6：00，付账方式由企业签账单。小冉将企业名称、预订人姓名、联系电话、客人人数、宾客的特殊要求和结账方式等，记录在宴会预订簿上，并编写了宴会通知单发放至各相关部门。为确保周五宴会的高质量，小冉在筹备期间与外资企业多次沟通确认菜单和场地布置等细节。

【任务分析】

要想胜任中餐宴会服务工作，首先应该能够胜任宴会预订的服务工作，独立处理不同类型客人的预订，并做好推销，当好客人的助手。

【知识链接】

宴会销售通过预订开始，餐厅受理预订是宴会销售的第一步。

一、宴会销售预订人员的要求

宴会销售预订是一项专业性很强的工作，宴会销售预订员代表酒店与外界洽谈和推销宴会。因此，应挑选有多年餐饮工作经历、了解市场行情和酒店各项政策、应变能力强、专业知识丰富的人员承担此项工作。

具体来说，宴会销售预订员应具备以下知识和技能。

（一）了解各宴会场所的面积、设施情况，懂得如何适应客户要求并做出反应。

（二）清楚本酒店各类菜肴的加工过程、口味特点，针对季节和人数变动，提出对菜单做相应调整的建议。

（三）了解各个档次宴会的标准售价、同类酒店的价格情况，并有应付讨价还价的能力。

（四）具备本部门宴会服务人员的专业素质、工作能力等。

（五）熟悉与具体宴会菜单相配合的酒水。

（六）解答宾客就宴会安排提出的各种问题。

二、宴会预订的联络方式

所有的宴请活动的承接可以由营销部和宴会部负责，但无论如何，宴请活动的最后确认和宴会厅的安排要由宴会部经理批准执行。

宴会预订的联络方式有以下四种。

（一）电话预订

这是酒店与客户联络的主要方式，常用于小型宴会预订、查询和核实细节、促进销售等。大型宴会需要面谈时也可通过电话来约定会面的时间、地点等。

（二）面谈预订

这是宴会预订较为有效的方法，多用于高中档大型宴会、会议型宴会等重要宴会的预订。宴会预订员与宾客当面洽谈讨论所有的细节安排，解决宾客提出的特别要求，讲明付款方式，填写订单，记录宾客信息资料等，以便以后用信函或电话方式与客户联络。

（三）传真预订

所有客户传来的询问信都必须立即做出答复，并附上建议性的菜单，此后，以信函或面谈的方式达成协议。

（四）网络预订

这是信息时代网络普及后新增的一种预订方式，网上订餐不仅方便了客户，同时也让宴会部争取到更多客源。

宾客通过电话、面谈、传真、网络和电子邮件等方式预订宴会是宾客主动与酒店联系。要做好宴会预订工作，必须采取灵活多样的方式，一是请进来，二是走出去，不能静等宾客上门，必须积极主动推销：一方面主动向宾客介绍情况，设法满足宾客的需要；另一方面，想方设法吸引宾客，争取客源。

三、宴会预订常用的表格

（一）宴会预订单

宴会销售预订部在接受客户预订时，应将洽谈事项、细节要求等填写在预订单上，以备组织实施。

设计预订单必须包括下列项目（表8-1）：

1. 宴会活动的日期、时间。

2. 计划安排的宴会厅名称。

3. 预订人姓名、联络电话、地址、单位名称。

4. 宴请活动的类型。

5. 出席人数。

6. 菜单项目、酒水要求。

7. 收费标准及付款方式。

8. 上述事项暂定的或确认的程度。

表8-1　宴会预订单

宴会预订单 订单编号：_____			
宴会名称			
联系人姓名	电话号码		
公司（单位）名称			
详细地址			
举办日期		时间	
宴会形式		收费标准	
付款方式		其他费用	
预定人数		保证人数	
餐台数		酒水要求	

（二）宴会合同书

宴会合同书是酒店与客户签订的合约书，双方均应严格履行合同的各项条款（表8-2）。

表8-2　宴会合同书

宴会合同书
本合同是由＿＿＿＿＿＿＿＿酒店（地址）＿＿＿＿＿＿＿＿ 与＿＿＿＿＿＿＿＿公司（地址）＿＿＿＿＿＿＿＿ 为举办宴会活动所达成的具体条款 活动日期＿＿＿＿＿　星期＿＿＿＿　时间＿＿＿＿ 活动地点＿＿＿＿　菜单计划＿＿＿＿ 饮料＿＿＿＿　娱乐设施＿＿＿＿ 其他＿＿＿＿　结账事项＿＿＿＿ 预付订金＿＿＿＿ 顾客签名＿＿＿＿　酒店经手人签名＿＿＿＿ 日期＿＿＿＿ 注意事项： ▲宴会活动所有酒水在餐前购买 ▲大型宴会预交10%订金 ▲所有费用在宴会结束时一次付清

（三）宴会安排日记簿

宴会安排日记簿是酒店根据餐饮活动场所而设计的，作用是记录预订情况，供预订员查核。宴会安排日记簿一日一页，主要项目有宴请日期、时间、客户电话号码、人数和宴会厅名称、活动名称、是确定还是暂订等（表8-3）。

表8-3　宴会安排日记簿

＿＿＿年＿＿＿月＿＿＿日　星期＿＿＿

厅房	预订	确定	时间	宴会形式	人数	联系人地址、电话	特殊要求
A厅			早				
			中				
			晚				
B厅			早				
			中				
			晚				
C厅			早				
			中				
			晚				

四、宴会预订服务程序

（一）接受预订

1. 接待宴会预定客人

在洽谈宴会业务时，按照宴会预订表的内容向客人了解所有细节，尽所能满足客人提出的各种要求。

2. 填写宴会预订单

根据与客人洽谈所得到的信息逐项填写清楚宴请人的单位名称，被宴请人的单位名称，宾主身份，宴会时间、标准、人数、场地布置要求、菜肴饮料要求等。

3. 填写宴会安排日记簿

在宴会安排日记簿上填写清楚活动地点、时间、人数等事项，注明是否需要确认的标记。

（二）预订跟踪

1. 签订宴会合同书

一旦宴会安排得到确认，经过认可的菜单、饮料、场地布置示意图等细节资料，应以确认信的方式迅速送交给客人，并附上一联、二联宴会合同书，经双方签字后生效。

2. 收取订金

为了保证宴会预订的成功率，可以要求客人预付订金。

3. 跟踪查询

如果是提前较长时间预订的宴会，应主动用信函或电话方式保持联络，并进一步确定宴会举办日期及有关细节。对暂定的预订应进行密切跟踪查询和服务。

4. 活动期确认和通知

在宴请活动前几天，必须设法与客人联系，进一步确定已谈妥的所有事项，确认后提前填写"宴会通知单"送往各有关部门。

5. 督促检查

宴会预订员在活动举行的当日应督促检查大型宴会活动的准备工作，发现问题及时纠正。

6. 取消预订

如果客人取消预订，预订员应填写"取消预订报告"送至有关职能部门，致函或当面向客人表达不能向其提供服务的遗憾，希望今后能有合作的机会。

（三）预订反馈

1. 信息反馈并致谢

宴请活动结束，应主动向宴请主办单位或主办个人征求意见，发现问题及时补救改进，并向他们表示感谢，以便今后加强联络。

2. 建立宴会预订档案

将客人的活动信息和活动资料整理归档，尤其是客人对菜肴、场地布置等的特殊要求；对常客更要收集详细资料，以便下次提供针对性服务。

【检测反馈】

实训要求：客人到中餐宴会部来，要求预订下周一30人的商务宴会，请按照宴会预订服务程序完成实训。

表8-4　宴会预订服务程序评价标准

步骤	标准及要求	分值	得分
接受预订	热情接待预订宴会的客人	8	
	准确回答客人的问题	10	
	准确填写宴会预订单	12	
	准确填写宴会安排日记簿	12	
预订跟踪	跟踪确认签订宴会合同书	15	
	根据情况收取订金	5	
	填写宴会通知单或变更通知单	10	
	宴会当天进行督促检查	8	
预订反馈	宴会结束致谢并征求意见	5	
	建立宴会预订档案	15	
总分		100	

任务二　餐前准备

【任务引入】

今天是一个非常喜庆的日子，宴会厅接待了张先生和陈女士的20桌婚宴，人们都沉浸在甜蜜幸福的氛围中。当婚礼进行曲响起时，每个人的目光都聚集在了两个新人身上，他们脸上洋溢着笑容，欢呼声和掌声成了给新人最真挚也是最美丽的祝福。但在欢乐的同时，发生了一个小插曲，由于小冉准备工作的疏忽，婚宴主桌宾客的筷子少了一支，这引起了客人的极度不满，在这喜结良缘、本该成双成对的日子筷子竟然少了一支！小冉立即到工作台取了一双完好的筷子给客人送到餐桌旁，并礼貌地向客人道歉。

【任务分析】

一个成功的宴会，需要工作人员做好充分的准备工作，请你当好客人的助手，为客人宴会的举行奠定一个良好的基础。

【知识链接】

一、掌握宴会情况，明确分工

（一）接到宴会通知单后，餐厅服务员应做到"八知""三了解"

1. "八知"：知台数、知人数、知宴会标准、知开餐时间、知菜单内容、知主办单位、知收费办法、知宾主情况。

2. "三了解"：了解宾客风俗习惯、了解宾客进餐方式、了解宾客特殊需求和爱好。

（二）明确分工

1. 要根据宴会要求，迎宾、值台、传菜、供酒及衣帽间、贵宾室等岗位做好明确分工，下达具体任务，将责任落实到人。

2. 做好人力、物力的充分准备，要求所有服务员做到思想重视，措施落实，保证宴会圆满成功。

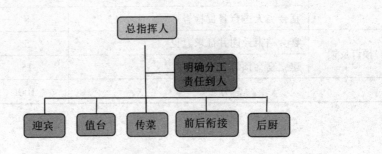

图 8-1　明确分工

二、宴会厅的布置

（一）环境布置

中餐宴会厅的环境应根据宴会的性质、规格和标准进行布置，要体现出隆重、热烈、美观、大方和我国传统的特色。

举行隆重的大型正式宴会时，一般在宴会厅周围摆放盆景花草，或在主席台后面用花坛、画屏、大型青枝翠树盆景装饰。主席台悬挂会标，标明宴会性质，以增加热烈喜庆、隆重盛大的气氛。

图 8-2　宴会厅布置图

（图片来源：https：//image.baidu.com/）

（二）台型布置

台型布置要根据宴会厅的形状、实用面积、主办者的要求，按"中心第一，先右后左，高近低远"的原则来设计。在布置中要做到突出主桌或主宾席，一般主桌安排在主席台下正中突出的位置，餐桌之间距离不应少于 2 米，餐桌离墙的距离不应少于 1.2 米，排列整齐。

（三）工作台布置

主桌或主宾区设有专用的工作台，其余各桌依照服务区域的划分酌情设立工作台。宴会厅的工作台一般采用临时搭设的方法，围桌群，放在餐厅的四周，既方便操作，又不影响整体效果（图 8-3）。

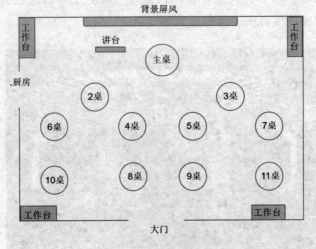

图 8-3　工作台布置

（四）席位安排

中餐宴会的席位安排十分重要，服务员应认真对待。

1. 根据参加宴会的人数安排桌次，合理地确定各桌位置，突出主桌。在宴会厅内开辟主通道，以便于客人和服务员行走。

2. 根据参加宴会宾主的身份来确定其相应座位。

3. 宴会座次安排的原则。

（1）平行式。主人坐在厅堂正面，对面坐副主人，右侧坐主宾，左侧坐第二宾。副主人右侧坐第三宾，左侧坐第四宾，其他座位为陪同（图 8-4）。

（2）交叉式。主人坐在厅堂正面，对面坐副主人，右侧坐主宾，左侧坐第三宾。

副主人右侧坐第二宾，左侧坐第四宾，其他座位为陪同（图 8-5）。

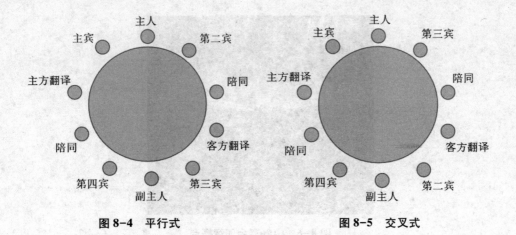

图 8-4 平行式　　　　　　　　图 8-5 交叉式

三、宴会餐台布置

（一）准备工作

根据宴会情况准备各种餐具用品。

1. 洗净双手。

2. 准备各类餐具、台布、餐巾和桌群等。

3. 检查各类餐具、台布、餐巾和桌群等有无破损、污渍，及时调换。

4. 准备调味品。

5. 准备服务用品。

（二）台面装饰

中餐宴会台面装饰与宴会主题和规格密切相关，原则上以烘托主题、色彩搭配协调为主。常见的有如下三类。

1. 餐碟垫盘。常见的有银垫盘、木雕、彩绘装饰垫盘、玻璃和玉器等，主要用于突出餐碟和渲染气氛。

2. 花草。用绿色植物和鲜花装饰台面，餐桌充满活力。

3. 艺术品。摆设艺术品烘托宴会主题，如婚宴摆放"双喜"剪纸、"红枣""花生""桂圆"和"莲子"等，烘托婚宴喜庆的气氛；以大海为主题的宴会，用蓝色台布、珊瑚、海螺和贝壳装饰台面；寿宴可用寿桃、老寿星和松枝装饰台面；主桌还可以请美工准备观赏台等。具体见图 8-6：

图 8-6　中餐宴会创意摆台

（三）摆台

此内容详见操作技能篇摆台部分内容。

四、熟悉宴会菜单

熟悉菜单应做到能准确说出每道菜的名称，能准确描述每道菜的风味特色，能准确讲出每道菜的配料和配食作料，能准确介绍每道菜的制作方法，能准确服务每道菜肴。

五、宴前服务

服务员在宴会开始前 10~15 分钟按中餐宴会上菜的要求上冷菜。摆放时注意荤素搭配、色调搭配和口味搭配，冷菜的摆放应能给客人赏心悦目的艺术享受，并为宴会增添隆重而欢快的气氛。

六、宴前检查

准备工作全部就绪后，宴会管理人员要做全面检查，检查各种设施设备运转是否正常，台型、台面是否符合规范标准，工作柜上的用具是否备齐，酒水是否按客人的要求配备，检查其他设备是否符合任务通知书的要求，最后检查大厅的卫生情况。

【检测反馈】

宴会厅将在周三接待 45 人的祝寿宴，请根据所学做好宴会前的准备工作。

表 8-5　中餐宴会准备工作评价标准

步骤	标准及要求	分值	得分
掌握宴会情况，明确分工	准确回答宴会的"八知"	3	
	准确回答宴会的"三了解"	3	
	准确回答各岗位职责	4	
宴会厅布置	宴会环境布置符合宴请主题	5	
	宴会台型设计新颖、美观	5	
	宴会工作台布置便于服务	5	
	席位安排合理，安排主人及重要宾客席位	10	
宴会餐台布置	餐具准备充分，并按规范摆台	20	
	台面装饰与主题相符合，装饰精美，烘托宴会气氛	10	
熟悉宴会菜单	能记住上菜顺序，说出每道菜肴的名称及风味特点	10	
宴前服务	冷盘摆放符合规范要求	15	
宴前检查	检查桌椅、物品是否准备到位	5	
	检查餐厅环境卫生是否符合要求	5	
总分		100	
自评：			

任务三　餐中服务

【任务引入】

王先生在金融行业工作了近 20 年，他用努力证明了自己的实力，为了感谢领导的提携，同事的照顾，他请大家参加他的升职答谢宴。小冉是主桌的服务人员，她了解到来宾中有位美国人史密斯先生信奉伊斯兰教，厨房单独为该客人准备了清真菜肴。席间小冉细致地为史密斯先生个别服务清真菜肴……宴会气氛热烈，服务热情周到让主人王先生非常满意。

【任务分析】

作为中餐宴会厅的员工，应能按照宴会服务规程为不同类型的客人提供宴会服务，独立处理特殊情况，当好客人的好助手。

【知识链接】

一、宴前会

开餐前召集所有参与服务的员工召开宴前会，由餐厅经理或主管讲解宴会活动情况，包括人数、时间、地点、宴会形式、服务方式、食品、饮料和重要客人的特殊要求，并检查宴会中服务人员的仪容仪表。

二、迎宾服务

（一）热情迎宾。当客人到达时，服务员应面带微笑热情问好，引领客人到休息室就座，为其送上香巾并斟倒茶水或饮料。

（二）接挂衣帽。小型宴会一般不设专门衣帽间，只在宴会厅门旁放衣帽架，由服务员接挂衣帽。规模较大的宴会，设专门衣帽间，由专人负责接挂衣帽。重要客人的衣帽应挂在较明显的位置，衣帽间服务员要凭记忆进行准确服务。

三、就餐服务

（一）入席服务

当客人进入宴会厅时，服务员要主动协助迎宾员安排客人入座。大型宴会应引领客人找到座位，并拉椅让座，拉椅让座时要秉持先宾后主、先女后男的原则。待宾主坐定后，帮助客人打开餐巾、松筷套，然后将席位卡、台号、花瓶或插花收走。

（二）斟酒服务

大型宴会中，服务员在宴会开宴前 5 分钟斟好白酒和葡萄酒，客人入座后，根据客人要求再斟饮料。

小型宴会客人入座后，从主宾开始根据客人要求斟倒酒水饮料，如有葡萄酒和白酒时，一般先斟葡萄酒，后斟白酒；葡萄酒斟七分满，白酒和饮料斟八分满。

（三）菜肴服务

根据宴会的标准、规格，按照上菜和分菜的技能要求进行菜肴服务，其注意事项如下。

1. 当冷菜用到一半时，开始上热菜。上菜的顺序是冷菜、热菜、汤、点心、水果，为了照顾外国客人的习惯，冷菜之后可上汤。服务员应注意观察客人的进餐情况，并控制上菜的节奏。

2. 上菜位置一般要侧对着主人或主宾进行，也有的在副主人右边进行，这样有利于翻译和副主人向来宾介绍菜肴口味、名称，严禁从主人和主宾之间或来宾之间上菜。

3. 分菜时，要动作轻稳并掌握好份数，分派均匀。凡有配料的应先上配料再上菜。

（四）席间服务

宴会进行中要勤巡视，多观察，主动提供服务。

1. 待客人杯中酒水只剩 1/3 时应及时斟倒。

2. 除按规定撤换餐碟外，见到客人餐碟中骨渣或杂物堆积较多时应及时撤换。

3. 若见到烟灰缸有两个以上烟头应及时撤换。

4. 遇到客人不慎将餐用具掉在地上或弄翻了酒水杯时应及时处理。

5. 上甜品水果前，送上相应餐具和小毛巾；撤去酒杯、茶杯和牙签以外的全部餐具，抹净转盘，服务甜点和水果。

6. 客人用完水果后，撤去水果盘并摆上鲜花，以示宴会结束。

四、送客服务

（一）拉椅送客

客人起身离座时，服务员为客人拉开座椅，以方便客人行走，并提醒客人带齐随身物品，视情况目送或随送到餐厅门口，致谢道别。

（二）取递衣帽

客人走出餐厅时，衣帽服务员应及时准确地将衣帽取递给客人，并帮助穿戴。

【检测反馈】

宴会厅将在周五接待 30 人的谢师宴，请根据所学做好餐中服务工作。

表 8-6 中餐宴会餐中服务评价标准

步骤	标准及要求	分值	得分
宴前会	宴前会集合迅速	5	
	仪容仪表规范	5	
	宴会分工明确，责任到位	5	
	说出参宴客人的风俗习惯、进餐方式、特殊需要和爱好	5	
迎宾服务	迎宾时面带微笑，身体挺拔，动作规范	7	
	礼貌地向客人问好	5	
	引领位置和动作规范	8	
就餐服务	按女士优先、先宾后主的原则为客人拉椅入座、递铺餐巾	10	
	礼貌地征询客人酒水意见，为客人斟倒酒水，做到动作标准、不滴不洒、刻度一致	7	
	在适合的位置按菜单顺序上菜，上菜动作标准、姿势优美	10	
	根据客人用餐节奏，合理控制上菜节奏	5	
	准确地为客人报菜名，并能对主要菜肴做简单介绍	5	
	主动、热情地为客人提供席间服务，做到勤巡视、勤斟酒、勤换餐具	10	
送客服务	面带微笑，礼貌送客，提醒客人带好随身物品	7	
	准确地将衣物递送给客人，帮助穿戴	6	
总分		100	

自评：

任务四　宴会结束工作

【任务引入】

张先生为母亲庆祝八十大寿，特意邀请亲朋好友等 30 余人参加，整个宴会气氛热烈，母亲和亲朋好友都非常地高兴，并一直赞扬服务员小王的服务热情周到、细致入微。宴会结束后，张先生结账准备离开，小王急忙追来，原来他在收台时发现了一部客人遗留的手机。张先生表示感谢，之后特意找到主管对小王的服务提出称赞，并表示以后只要有宴请就一定会到这里来。

【任务分析】

作为中餐宴会服务人员，能按照服务程序为客人提供餐中服务是基本职责所在，餐后的收尾工作做得是否细致得当更能凸显服务人员的高素质。

【知识链接】

一、收台检查

客人离开后，服务员应检查有无客人遗留的物品，如客人已走，发现有遗留物品后，应及时将遗留物品交由上级或大堂副理处理，再检查地面及台面有无未熄灭的烟头，然后按餐巾、小毛巾、玻璃器具、瓷器、筷子的顺序收拾干净台面，同时搞好地面卫生，整理好桌子、椅子和工作台，关好门窗，切断电源。

二、结账服务

（一）宴会领班应在活动结束前 20 分钟（如客人没有其他要求）将账单交给客人。

（二）将账单交给客人之前，应最后检查一遍，保证客人最后要求所需的费用也已算入账内。

（三）宴会活动后应由宴会收款员结账，结账后收款员将发票交给客人。

1. 对于与酒店有信贷合同的公司，活动结束后由公司授权人在账单上签字就可以。账单第一联应交给客人保存，第二联由宴会收款员保存月结时使用。

2. 如果有客人用信用卡结账，应提前登记信用卡号码，并应与宴会结账员密切联系。

3. 支票结账时，要请客人在账单上签字，并留下客人所在单位的财务电话及客人本人身份证号码，同时进行核对。

三、征求意见

（一）组织者在宴会结束后，应主动询问主办单位对宴会的评价，征求意见可以包括菜肴、服务、宴会厅设计等几个方面。

（二）征求意见的方式可以是书面的，也可以是口头的。

（三）如果在宴会进行中发生了一些令人不愉快的场面，要主动向宾客道歉，求得宾客的谅解。

（四）如顾客对菜肴的口味提出意见和建议时，应虚心接受，及时转告厨师，以防下次再出现类似的问题。

（五）宴会完毕，要给宴会主办单位发一封征求意见和表示感谢的信件，感谢宾客在这里举办宴请活动，希望今后加强合作。

四、总结归档

收尾工作结束后，领班要做检查。一般大型宴会结束后，主管要召开总结会，总结整个宴会中出现的问题以及今后的改进措施，并将客人所提意见和建议进行归类存档。

【检测反馈】

一次商务宴会接近尾声，请根据所学做好宴会结束工作。

表8-7　中餐宴会结束工作评价标准

步骤	标准及要求	分值	得分
收台检查	检查有无客人遗留物品，如发现遗留物品，交给上级或大堂副理	10	
	检查有无未熄灭的烟头，及时处理	8	
	按收台程序清理台面	15	
	整理好桌子、椅子、工作台，将地面擦干净、关灯、切断电源	10	
结账服务	及时将账单交给客人	5	
	认真核对账单	7	
	根据结账方式正确结账，将发票交给客人	10	
征求意见	主动征求客人意见，做好处理	6	
	针对客人的不满之处，及时道歉	10	
	发送征求意见和感谢信，表达可以继续合作的希望	7	

步骤	标准及要求	分值	得分
总结归档	召开总结会，提出改进措施	7	
	将客人的意见和建议归类存档	5	
	总分	100	
自评：			

项目九　离店结账服务

【学习目标】

1. 了解客账处理要求；

2. 熟悉客账控制流程；

3. 掌握宾客各种付款方式的操作规范；

4. 了解我国可兑换的外币种类，熟悉外币兑换与旅行支票兑换的服务规范；

5. 掌握现金、支票、信用卡、散客、团队结账离店的服务规范。

任务一　做好客账

【任务引入】

某一天，某酒店前厅部客人挺多，总台接待员小王忙得有点焦头烂额，面对等待结账的客人感觉自己有点摸不着头绪，造成这种情况的原因是什么？

【任务分析】

收银结账服务是由前厅总台接待处或收银处负责。作为接待员和收银员应该了解并掌握总台收银结账服务的主要工作任务、操作规程及相关要求。为确保结清客人住店期间所发生的费用，避免发生逃账、漏账情况，收银人员必须认真执行客账管理制度和规程，加强与相关部门和岗位的协调工作，接受财务部的审核、监督，确保酒店利益和客人利益均不受到损害。

【知识链接】

一、客账处理流程

（一）建立账户

客账就是反映住店宾客的房费以及住店期间发生的其他费用的账目。宾客人住时前厅收银员根据宾客住宿登记表的要求设立不同的客账账户。客账账户的八个要素：宾客姓名、房间号码、房间单价、用房间数、住店日期、离店日期、住店人数、结账方式。酒店使用的账户通常有以下六种。

1. 散客账户。也称为个人账单、客房账单，它是为每一位散客设立账户，其作用是记录他们和酒店之间发生的会计事务。

表 9-1　客人分房账单

房号		姓名							备注	**宾馆地址：
房价		抵店日期				离店日期				
日期	借方								贷方	余额
	房价	服务费	餐饮	洗衣	电话	传真	汽车	其他	小计	
住客签名		付款单位					钥匙请交服务台		最终余额	
地址										

2. 团体账户。它是团体使用的账户，一般用于多数团队和会议的记账服务。

表 9-2　团队客人结账单

团队名称：＿＿＿＿＿＿＿＿＿＿＿＿＿＿＿＿＿＿	编号：＿＿＿＿
进店日期：＿＿＿　离店日期：＿＿＿　离店时间：＿＿＿	预缴款额：＿＿＿
二次进店：＿＿＿　二次离店：＿＿＿　团队类别：＿＿＿	付费方式：＿＿＿
状　态：＿＿＿　备注：＿＿＿＿＿＿＿＿＿	
接待单位：＿＿＿　联系人：＿＿＿＿＿	内宾人数：＿＿＿
标准间：＿＿＿　二人间：＿双套间：＿豪一：＿豪二：＿豪三：＿	外宾人数：＿＿＿
团队账单：＿＿＿＿＿＿　团队记账	修改日期
团队客人：＿＿＿＿＿＿　团队结账	二次来记账

3. 非住客账户。它是为不是住店宾客但产生店内费用的个人而设置的账

户。这些宾客一般包括企事业客户、当地政府官员、健身房成员等。非住客账户号在账户建立时确定，收费时要求宾客必须出示账户卡，以确认转账有效。

4. 编制账户。编制账户又称控制账单，用于酒店各营业部门跟踪转账至其他账单（个人、团体、非住客或员工账单）的所有事务。例如，住店散客在健身房消费，他的花费总额将转账至对应的个人账单，与此同时，该总额又将作为康体部延迟付款转账至对应的控制账单。

5. 永久性账户。永久性账户是与酒店有业务合同的信用卡公司账户，用来跟踪由信用卡公司结算的宾客账单余额。酒店将为每个和它有合同付款程序的实体建立一个永久账户。如果宾客要求其账单余额通过一张可接受的信用卡支付，则将宾客余额转账至对应的永久账户。

6. 特别账户。特别账户是为了提供一些特别服务而设立的账户。

（二）入账

酒店的入账方法主要有计算机入账与手工入账两种。

1. 通过计算机入账。宾客在酒店各营业点的费用，通过安装在各营业点的计算机管理系统软件终端输入，然后通过软件即时进入到前厅收银处的宾客账户。例如，前厅的收银处与餐厅、康体部门、商贸部门收银处计算机联网后，不管住客在什么时候消费，就能输入到该宾客的消费账户中去。通过计算机入账，既准确又迅速，同时还可以通过计算机编制营业报表。

表 9-3　客房营业日报表

＿＿＿年＿＿＿月＿＿＿日

楼层	固定客房数								客房收入	住店客人数						项目种类	房间数	人数
	出租客房				空房	待修房	职工用房	小计		零星		团队		内宾	小计			
	零星	团队	内宾	免费						外	内	外	内					
1																昨日在店		
2																今日离店		
3																今日抵店		
4																今日总数		
5																空房		

续表

楼层	固定客房数								客房收入	住店客人数						项目种类	房间数	人数
	出租客房				空房	待修房	职工用房	小计		零星		团队		内宾	小计			
	零星	团队	内宾	免费						外	内	外	内					
6																待修房		
7																职工用房		
合计																总客房数		

出租套间	团队收入		种类	房间数	人数	可用房数		
	房价变更		预定客房			出租率		
	客房总收入		明日离店			团队用房率		
	其中外宾收入		明日出租率			平均房价		

送：总经理室_____ 副总经理_____ 前厅部_____ 服务部_____ 值班经理_____ 制表人_____ 复核人_____

2. **手工入账**。一些小型酒店仍使用手工入账，它的操作速度比较慢，而且容易遗失和漏收，这就要求酒店建立严格的程序，责任到人，加快账单开出及传送的过程，尽量提高入账的速度。

无论是计算机还是手工入账，前厅收银员在存放这些账单前，应认真复核账单上的签字、房号是否与登记表上的房号、签字相符。

（三）夜间审计

夜间审计，就是夜间 23：00 至早晨 7：00 检查上一个夜班后所收到的账单，进行审核和结转账目，完成制作经营报表等工作，以确保宾客账单准确无误和反映酒店经营中的问题，以及接待夜间到来的客人。夜间审计也可作为夜间查账，在规模较大的酒店里设有主管审计和审计员，在小型酒店则可由夜间收银员承担。

酒店为什么要设置夜间审计呢？原因在于酒店是全天 24 小时营业的，意味着客人在任何时间都有可能抵达和离开酒店，为了确保酒店的经济收入和对消费者负责，在客人退房时能及时提供账单，就必须有专人负责账目审核；而且酒店白天往往比较繁忙，夜间业务量相对较少，由于客人白天结账较多，一些费用凭证暂时无法入账，夜间审计则可以完成白天所有尚未结转的账目；收银员在白天的工作中很有可能出现错误或是特殊情况，而夜间审计工作就能做补充。

夜审员的具体工作步骤如下。

1. 费用入账。夜审员的第一项工作是将白天尚未结转的费用凭证及时转入客人账单。

2. 核对客房状况，即核对前厅与客房部之间有关客房状况是否存在差异。

3. 按部门将单据分类计算出各部门的收入费用额。一般将前厅收银处客人账单里的原始凭证取出，然后按各营业中心分类，如电话费、餐饮费、洗涤费等分放在一起，累积各部门费用额，得到部门费用总额。

4. 核对客房房价，检查所有优惠是否有签字批准，是否登录在账户上。酒店要求的夜间审计员制作每日客店收益报表，为此，夜审员要核对和填写客房价格，核对是否每位享受优惠房价的客人都符合条件，防止一些前厅接待员自作主张，为亲友提供优惠，打破价格标准。

5. 结转客房费用。房费是由夜审员使用过账机自动结转，同时还要完成办理客人续住的程序。

6. 制作部门收益报表。在完成以上工作后，夜审员还要完成各部门的收益总结报表，连同原始凭证一起送交财务部。

7. 编制酒店的营业日报表。该表是全面反映整个酒店客房、餐饮和综合服务收入统计的营业情况的业务报表。通常一式两份，一份送至总经理办公室，另一份则交财务部。

（四）结账

详见本项目任务二"收银结账服务程序"的内容。

二、客人的支付方式和结账方法

（一）现金付账

币种：人民币、外币（美元、英镑、日元等）。

结算方法：根据酒店政策接受现金结账的币种按实际约定的房价结算，一般抵押资金大于消费金额，直接按照电脑系统显示的余额向客人退款。

（二）银行信用卡结账

1. 信用卡的作用

信用卡是由银行或专门机构开给旅游者使用的短期限额消费的信贷凭证。

2. 识别信用卡

我国接受的国外主要信用卡有运通卡（American Express Card）、香港万事达卡（Master Card）等。我国银行发行的信用卡主要有长城卡、牡丹卡等。

3. 结算方法

酒店凭持卡人签过字的发票或单证向发卡银行或专业机构收款。接收时，首先需要查看有效期，并核对持卡人与住宿宾客的姓名是否相符，根据实际消费进行授权。

（三）公司统一结账

结账是单位与酒店预先有定期结账合同，为本单位支付客人全部或部分费用，并按合同享受优惠。

结算方法为：由客人持单位相关证明文件作为结账依据，确认无误后请客人签名，然后将账单连同证明材料转到会计部，做收账处理。

（四）旅行支票

旅行支票是为了方便旅游者而设计的，一种简单、方便的带有银行汇票和支票双重性质的信用凭证。

结算方法如下。

1. 中国银行出售的自由外汇旅行支票：一般出境旅行用，在酒店可兑付。

2. 中国银行人民币定额旅行支票，也称"本旅行支票"。

图 9-1　旅行支票

本旅行支票只可在我国境内兑付，结账时可按票面额让客人按指定位置签名即可，酒店凭签名支票与银行结算。使用支票结账时应注意票面整洁、无折痕，印鉴清晰有效，非原子印章不得遮盖支票下方电脑识别码，检查是否过期，查清验持票人证件，拒绝接收发生过空透情况的单位支票。

（五）旅行社票据

旅行社票据是客人通过旅行社预订酒店的客房时，向旅行社预付房价，旅行社则交给客人票据，作为客人向酒店结账时客人已支付房价的凭据。

结算方法为：酒店收取客人的旅行社票据，向该旅行社结算，并向旅行社支付一定的佣金。

（六）团体客账

结算方法为：一般由组织者预订客房、约定房价，结账时在账单上签字认可，具体收款由财务部的收入会计同有关组织者的单位通过银行结账。

【检测反馈】

1. 如何建立客人账户？如何入客账？

2. 如何进行夜审工作？小组合作模拟演练，并参考下表"夜审服务操作评价表"进行评价。

3. 有哪些常见的客人的支付方式和结算方法？

表9-4　夜审服务操作评价表

操作程序	分值	扣分
费用入账	15分	
核对客房状况	15分	
平衡各部门的费用额	15分	
核对客房房价	15分	
结转客房费用	15分	
制作部门收益报表	15分	
编制酒店的营业报表	10分	

任务二 收银结账服务程序

【任务引入】

通常在上午期间，酒店结账的宾客比较集中，为了避免宾客排队等候，或缩短宾客的结账时间，有的酒店推出了"快速结账服务"或"0停留服务"。

【任务分析】

办理退房结账手续是客人离店前所接受的最后一项服务，应给客人留下良好的最后印象。因此，在为客人办理离店手续时，收银员应热情、礼貌、快捷而准确地提供服务，结账一般要求在两三分钟完成。

【知识链接】

一、现金结账服务的程序

（一）礼貌问候。

（二）核对姓名、房号、住宿天数、房价并收回钥匙。

（三）如是人民币或美元，唱收账单数额。

（四）清点查收。

（五）使用货币识别机鉴别钞票的真伪，如是外币检查其是否属现行可兑换的外币。

（六）如是可兑换外币，则填制水单，查核当日现钞牌价，准确换算，复核后请客人签名。

（七）检查复核总结算账单，准确无误，请客人签名。

（八）把收据交给客人并致谢祝愿。

（九）将账单号码记录进计算机存储。

（十）在账单上打上收条并汇总归档。

二、支票结账服务的程序

（一）礼貌问候。

（二）核对姓名、房号、住宿天数、房价并收回钥匙。

（三）受理支票时：

1. 检查支票印刷是否正确。

2. 检查票面是否完好无损，无涂改。

3. 检查第一次签名位置是否准确。

4. 请客人在相应位置第二次签名并仔细观察。

5. 检查两次签名笔迹是否一致。

（四）向客人致谢。

（五）将支票号码输入计算机存档。

（六）将支票连同账单汇总归档。

三、信用卡结账服务的程序

（一）礼貌问候。

（二）核对姓名、房号、住宿天数、房价并收回钥匙。

（三）受理信用卡并核验是否有效（在登记入住时就该验证信用卡信用额度及有效否）。

（四）使用信用卡卡号输入计算机核对姓名。

（五）请客人在结算账单上签名并与信用卡背面的签字进行核实是否相符，如不符，可向银行查询。

（六）将卡与账单收据联交给客人，向客人致谢并祝愿。

（七）将信用卡收取的账项计入相应的计算机账号内。

四、散客结账服务规范

（一）按客人房卡和押金单取出所有账单等。

（二）核对客人姓名、消费账目，确认房价及付款方式，报出消费的总金额。

（三）收回客房钥匙，如客人暂时不能交出钥匙，可与客人约定一个时间。

（四）通知客房中心检查客房设施设备和小酒吧，楼层服务员按规程查房。

（五）打印综合账单，请客人核对，确认无误后请其签名，按约定方式付款。

（六）在客人的入住登记单上盖上离店时间印章，将客人的相关信息输入计算机。

（七）礼貌送客，祝客人旅途愉快。

五、团队结账服务规范

（一）在团队离店前一天做好相关准备工作，仔细复查团队账目，所有附件是否齐全。

（二）领队或陪同来时，递交所有账单，请其签名认可。

（三）查实团队旅游者的个人费用，如洗衣费、酒水费有无付清。

（四）通知楼层服务员按规程查房。

（五）收回房卡与钥匙。

（六）一般团队只付房费及餐费，费用经领队认可在总账单上签字，其余账目由宾客各自付清，领队要保证全队账目结算清楚后方可离开酒店。

（七）确认付款方式，收银入账，并开具发票。

【检测反馈】

分组模拟表演各种结账服务程序，并参考下表进行评价。

表 9-5　前厅收银结账服务评价表

服务程序	操作标准及要求	分值	扣分
礼貌问候	面带微笑，主动问候客人	10 分	
核对信息	核对姓名、房号、住宿天数、房价并收回钥匙	10 分	
受理不同支付方式的客人结账	纸币 支票 信用卡 散客 团队	50 分	
检查复核	总结算账单，准确无误，请客人签字，收回房卡	10 分	
礼貌送客	微笑致谢	10 分	

任务三　收银结账服务规范用语

【任务引入】

小王在应聘前厅收银员工作时，前厅部经理用英语来考核她业务，小王特别诧异，但凭借自己的英语功底，终于面试成功，她也庆幸自己当时在学校苦练英语口语，才能获得如今的就业机会。

【任务分析】

三星级以上的酒店为涉外酒店，能使用英语进行对客服务是前厅服务人员的重要条件。掌握收银服务规范用语，能够用规范服务用语为客人提供各种结账服务是前厅收银员所应掌握的基本知识与技能。

【知识链接】

C：Cashier

G：Guest

收银员：您好，是退房吗？

C：Good morning. Would you like to check out?

客人：是的。

G：Yes.

收银员：请给我您的房卡和钥匙。

C：May I have your key and room card please?

客人：给你。

G：Here you are.

收银员：谢谢。请问您有没有饮用房间内的酒水？

C：Thank you, sir. Did you use any drinks in your room?

客人：没有。

G：No.

收银员：好的，请稍等。（致电客房中心要求查房，并打印制作入账单）这是您的账单，请您过目。

C：All right. Just a second, please. （Called the house keeping center to check the guest′s room, print out the guest hill）Here is your bill, please check it out.

客人：谢谢。（开始核查账单）

G：Thank you. （Start to check the hill）

收银员：不用谢。

C：That's all right.

客人：小姐，我没有在房间打过长途电话，为什么收我长途电话费？

G：Miss, I have never made long distance call in my room, why do you charge me for this?

收银员：对不起，请让我查一查。（核查电话记录）对不起，先生。这个电话确实是从您房间打出的，这里是详细通话记录，请您核对。

C：I′m sorry, sir, let me check. （Check the telephone list）I'm sorry, sir, but this call was really dialed from your room. Here is the detail list, you can check it carefully.

客人：（核对电话记录）啊，我想起来了。我的一个朋友在我房间打过电话，这是他家里的电话。

G：（Check the list）Ah. I remember. One of my friend made a phone call in my room, this is his home number.

收银员：请再仔细检查，看看还有没有其他问题。

C：sir, please check it again if there is any other problems.

客人：（检查后）没有了。

G：（Carefully checked）Nothings wrong any more.

收银员：好的，先生。请在账单上签名。谢谢。您是用现金结账，是吗？

C：Well, sir. Would you please sign the bill? Thank you. You will pay by cash, won't you?

客人：是的。

G：Yes.

收银员：您入住时交了 2000 元押金，住宿期间实际消费了 2236 元，请您再支付 236 元。

C：You have paid RMB 2000 for deposit when you checked in, and you actually spent about RMB 2236, so you should give me another RMB 236. Thank you.

客人：给，这是 300 元。

G：Here's RMB 300.

收银员：（点收）一百，两百，三百。我一共收您人民币 300 元……这是找您的零钱：50 元，60 元，62 元，64 元。一共找您 64 元，请收好。

C：（Count the money）One hundred, two hundred, three hundred, I have taken you RMB 300 all together. And these are your changes, fifty, sixty, sixty-two, sixty-four, totally RMB 64 in all. Please check it。

客人：好的。

G：OK.

收银员：这是您的账单和发票，请您收好。

C：Here is your receipt.

客人：谢谢。

G：Thank you .

收银员：不用谢。祝您一路顺风。

C：You are welcome. Have a nice trip.

客人：谢谢，再见。

G：Thank you and bye-bye.

收银员：这是我应该做的，再见。

C：It is my pleasure to serve you. Good-bye.

【检测反馈】

模拟进行中英文结账服务对话表演。

相关知识篇

项目十　菜肴及酒水知识

【学习目标】

1. 理解中国几大菜系及烹饪方法；

2. 了解酒水的相关知识；

3. 掌握相关菜系和酒水知识并且能针对性地提供优质服务。

任务一　菜肴知识

【任务引入】

一家三口放假到杭州旅游，他们到了杭州后不仅要游览美景，还要品尝当地的美食，当他们来到特色餐厅就餐时，告知服务员想品尝当地特色的美食，服务员为他们点了西湖醋鱼、龙井虾仁、东坡肉，客人品尝之后赞不绝口，也对服务员的服务表示称赞。

【任务分析】

客人到异地旅游，涉及的内容包括食、住、行、游、购、娱，吃也是重要的一个内容，所以从业人员要了解相关菜肴知识，有针对性地提供餐饮服务，让游客吃得满意，令其异地旅游体验更加完美。

【知识链接】

菜系，是指在一定区域内，由于气候、地形、历史、物产及饮食风俗的不同，经过漫长历史演变而形成的一整套自成体系的烹饪技艺和风味，并被全国各地所承认的地方菜肴。

早在商周时期中国的膳食文化已有雏形，再到春秋战国的齐桓公时期，饮食文化中南北菜肴风味就表现出差异；到唐宋时，南食、北食各自形成体系；到了南宋时期，南甜北咸的格局形成。在清朝初年，川菜、鲁菜、淮扬菜、粤菜，成为当时最有影响的地方菜，被称作四大菜系，后来闽、浙、湘、徽等地方菜也逐渐出名，于是形成了中国的"八大菜系"，即鲁菜、川菜、粤菜、苏菜、闽菜、浙菜、湘菜、徽菜。

一、菜系知识

（一）鲁菜

即山东菜系，是中国影响最大的宫廷菜系。特点是清香、鲜嫩、味醇，十分讲究清汤和奶汤的调制，清汤色清而鲜，奶汤色白而醇。

鲁菜的形成和发展与山东地区的文化历史、地理环境、经济条件和习俗尚好有关。山东是中国古文化发祥地之一，地处黄河下游，气候温和，胶东半岛突出于渤海和黄海之间。境内山川纵横，河湖交错，物产丰富，交通便利，文化发达。宋代以后鲁菜就成为"北食"的代表，明、清两代，鲁菜已成宫廷御膳主体，对京、津和东北各地的影响较大，是八大菜系之首。一般认为鲁菜分为两大派系，分别以济南和胶东两地的地方菜演化而成，有时也分为四大派系，即再加上孔府菜和药膳系都蜚声海内外。

1. 齐鲁风味

齐鲁风味以济南菜为代表，在山东北部、北京、天津、河北等华北、东北地区盛行。齐鲁菜以清香、鲜嫩、味醇著称，一菜一味，百菜不重。尤重制汤，清汤、奶汤的使用及熬制都有严格规定，菜品以清、鲜、脆、嫩著称，用高汤调制是济南菜的一大特色。

名菜有糖醋鲤鱼、九转大肠、汤爆双脆、奶汤蒲菜、南肠、玉记扒鸡、济南烤鸭等。济南著名的风味小吃有锅贴、灌汤包、盘丝饼、糖酥煎饼、罗汉饼、金钱酥、清蒸蜜三刀、水饺等。德州菜也是齐鲁风味中重要的一支，代表菜有德州脱骨扒鸡。

2. 胶东风味

亦称胶东风味，以烟台福山菜为代表，流行于胶东、辽东等地。胶辽菜起源于福山、烟台、青岛，以烹饪海鲜见长，口味以鲜嫩为主，偏重清淡，讲究花色。十大代表菜有肉末海参、香酥鸡、家常烧牙片鱼、崂山菇炖鸡、扒原壳鲍鱼、酸辣鱼丸、炸蛎黄、油爆海螺、大虾烧白菜、黄鱼炖豆腐。胶东十大特色小吃有烤鱿鱼、酱猪蹄、三鲜锅贴、白菜肉包、辣炒蛤蜊、海鲜卤面、排骨米饭、鲅鱼水饺、海菜凉粉、鸡汤馄饨。

3. 孔府风味

以曲阜菜为代表，流行于山东西南部和河南地区，和江苏菜系的徐州风味较近。

孔府菜有"食不厌精，脍不厌细"的特色，其用料之精广、宴席之丰盛堪与过去皇朝宫廷御膳相比。孔府菜的代表有一品寿桃、翡翠虾环、海米珍珠笋、炸鸡扇、燕窝四大件、菊花虾包、一品豆腐、寿字鸭羹、拔丝金枣。

4. 药膳风味

药膳兼具食疗的功效，最早可追溯到商朝末年，距今已有3100多年的历史，是鲁菜的起源，以日照地区的太公望红焖鸡、卤煮鸡杂、鸡丝汤最为代表；后经清朝时期发扬光大，苏造肉、苏造肘子、菊花鸡汤、菊花烩鸡丝等很多清代宫廷的菜肴均都起源于日照地区的药膳系；北京著名的卤煮小吃也起源于此。

（二）川菜

川菜是中国最有特色的菜系，也是民间最大菜系。川菜起源于四川、重庆，以麻、辣、鲜、香为特色，原料多选山珍、江鲜、野蔬和畜禽，善用小炒、干煸、干烧、泡、烩等烹调法，以"味"闻名，味型较多，富于变化，以鱼香、红油、怪味、麻辣较为突出。川菜的风格朴实而又清新，具有浓厚的乡土气息。

特点在于味型多样。辣椒、胡椒、花椒、豆瓣酱等是主要调味品，具有"一菜一格""百菜百味"的特殊风味。川菜在烹调方法上，有炒、煎、干烧、炸、熏、泡、炖、焖、烩、贴、爆等三十八种之多；在口味上特别讲究色、香、味、形兼有南北之长，以味多、广、厚著称。在国际上享有"食在中国，味在四川"的美誉。

川菜中六大名菜是：鱼香肉丝、宫保鸡丁、夫妻肺片、麻婆豆腐、回锅肉、东坡肘子。

（三）粤菜

粤菜即广东菜，狭义指广州府菜，也就是一般指广州菜，源自中原，经历了2000多年的发展历程后，到了晚清时期已逐渐成熟。由广府菜（广州府菜）、潮州菜（也称潮汕菜）、东江菜（也称客家菜）三种地方风味组成，三种风味各具特色，是起步较晚的菜系。

粤菜取百家之长，用料广博，选料珍奇，配料精巧，烹调技艺多样善变，在烹调上以炒、爆为主，兼有烩、煎、烤，讲究清而不淡，鲜而不俗，嫩而不生，油而不腻，有"五滋"（香、松、软、肥、浓）、"六味"（酸、甜、苦、辣、咸、鲜）之说。

粤菜特点是丰富精细的选材和清淡的口味。粤菜可选原料多，讲究原料的季节性。粤菜味道讲究"清、鲜、嫩、滑、爽、香、脆"，追求原料的本味、清鲜味，粤菜调味品种类繁多，遍及酸、甜、苦、辣、咸、鲜，但只用少量姜葱、蒜头做"料头"，而少用辣椒等辛辣性作料。这种追求清淡、追求鲜嫩、追求本味的特色，既符合广东的气候特点，又符合现代营养学的要求，是一种科学的饮食文化。

代表菜有白切鸡、烧鹅、烤乳猪、红烧乳鸽、蜜汁叉烧、脆皮烧肉、上汤焗龙虾、清蒸东星斑、卤鹅肝、潮汕牛肉丸、梅菜扣肉、盐焗鸡。

（四）苏菜

即江苏菜系，由南京、徐海、淮扬和苏南四种风味组成，是宫廷第二大菜系，目前国宴仍以淮扬菜系为主。

江苏菜系选料讲究，刀工精细，口味偏甜，造型讲究，特色鲜明。江苏菜很少放辣椒，因为吃辣椒虽然能够去除湿气，但是容易上火。因此，江浙菜系是以偏甜为主。苏菜风格源于宋代开封，宋室南迁带入并逐渐占据主要地位。今天开封饮食仍然与江苏有诸多相同之处，如小笼包、鳜鱼等。

1. 金陵风味

以南京菜为代表，主要流行于以南京为中心，一直延伸到江西九江的地区。

金陵菜烹调擅长炖、焖、叉、烤。特别讲究七滋七味即酸、甜、苦、辣、咸、香、臭；鲜、烂、酥、嫩、脆、浓、肥。南京菜以善制鸭馔而出名，素有"金陵鸭馔甲天下"的美誉。金陵菜代表菜品有金陵鸭、金陵鲜、金陵草等。

南京小吃是中国四大小吃之一，代表有小笼包子、拉面、薄饼、葱油饼、豆腐涝、汤面饺、菜包、酥油烧饼、甜豆沙包、鸡面干丝、春卷、烧饼、牛肉汤、小笼包饺、压面、蟹黄面、长鱼面、牛肉锅贴、回卤干、卤茶鸡蛋、糖粥藕等。

2. 淮扬风味

以扬州、淮安菜为代表，主要流行于以大运河为主，南至镇江，北至洪泽湖、淮河一带，东至沿海地区。

淮扬风味选料严谨，讲究鲜活，主料突出，刀工精细，擅长炖、焖、烧、烤,重视调汤,讲究原汁原味,并精于造型,瓜果雕刻栩栩如生。口味咸淡适中,南北皆宜,并可烹制"全鳝席"。淮扬细点,造型美观,口味繁多,制作精巧,清新味美,四季有别。著名菜肴有清炖蟹粉狮子头、大煮干丝、三套鸭、文思豆腐、扬州炒饭、文楼汤包、拆烩鲢鱼头、扒烧整猪头、水晶肴肉等。

3. 徐海风味

以徐州菜为代表,流行于徐海和河南地区,和山东菜系的孔府风味较近。

徐海菜鲜咸适度,习尚五辛、五味兼崇,清而不淡、浓而不浊。其菜无论取料于何物,均注意"食疗、食补"作用。

代表有:羊方藏鱼、霸王别姬、彭城鱼丸、地锅鸡等。

4. 苏南风味

以苏州菜为代表,主要流行于苏、锡、常和上海地区,和浙菜、安徽菜系中的皖南、沿江风味相近,有专家认为苏南风味应当属于浙菜。苏南风味与浙菜的最大的区别是苏南风味偏甜,擅长炖、焖、煨、焐,注重保持原汁原味,花色精细,时令时鲜,甜咸适中,酥烂可口,清新腴美。

苏南名菜有香菇炖鸡、咕咾肉、松鼠鳜鱼、鲃肺汤、碧螺虾仁、响油鳝糊、白汁圆菜、西瓜鸡、鸡油菜心、糖醋排骨、桃源红烧羊肉、太湖银鱼、太湖大闸蟹、阳澄湖大闸蟹。松鹤楼、得月楼是苏州的代表名食楼。

苏州小吃是中国四大小吃之一,是品种最多的小吃,主要有卤汁豆腐干、松子糖、玫瑰瓜子、苏式月饼、虾子酱油、枣泥麻饼、猪油年糕、小笼馒头、苏州汤包、藏书白切羊肉等。

(五)闽菜

闽菜是以闽东、闽南、闽西、闽北、闽中、莆仙地方风味菜为主形成的菜系,以福州菜为代表。闽菜清鲜,淡爽,偏于甜酸,尤其讲究调汤,汤鲜、味美,汤菜品种多,具有传统特色。

1. 闽东风味

以福州菜为代表,主要流行于闽东地区。

闽菜有"福州菜飘香四海,食文化千古流传"之称。选料精细,刀工严谨;讲究火候,注重调汤;喜用佐料,口味多变,显示了三大鲜明特征:一为刀工巧妙,寓趣于味,素有切丝如发,片薄如纸的美誉,比较有名的菜肴如炒螺片。二为汤菜众多,变化无穷,素有"一汤十变"之说,最有名的如佛跳墙。三为调味奇特,别是一方。福州菜的调味,偏于甜、酸、淡,喜加糖醋，五大代表菜：佛跳墙，鸡汤氽海蚌，淡糟香螺片，荔枝肉，醉糟鸡。五碗代表：太极芋泥、锅边糊、肉丸、福州鱼丸、扁肉燕。

2. 闽南风味

以泉州菜为代表，主要流行于闽南、台湾地区，和广东菜系中的潮汕风味较近。

闽南菜具有清鲜爽淡的特色，讲究佐料长于使用辣椒酱、沙茶酱、芥末酱等调料。闽南菜的代表有海鲜、药膳和南普陀素菜。闽南药膳最大的特色就是以海鲜制作药膳，利用本地特殊的自然条件，根据时令的变化烹制出色、香、味、形俱全的食补佳肴。

3. 闽西风味

又称长汀风味，以长汀菜为代表，主要流行于闽西地区，是客家风味。

闽西位于粤、闽、赣三省交界处，以客家菜为主体，多以山区特有的奇味异品作为原料，有浓厚山乡、多汤、清淡、滋补的特点。代表菜有薯芋类的，如绵软可口的芋子饺、芋子包、煎薯饼、炸薯丸、炸满圆等；野菜类的有白头翁饧、苎叶饧、苦斋汤、炒马齿苋、鸭爪草、香椿芽、野苋菜等；瓜豆类的有冬瓜煲、酿苦瓜、脆黄瓜、南瓜汤、狗爪豆、罗汉豆、炒苦瓜等；饭食类的有红米饭、高粱粟、拳头粟饧等。肉食较出名的有白斩河田鸡、烧大块。

4. 闽北风味

以南平菜为代表，主要流行于闽北地区。

闽北特产丰富，历史悠久，文化发达，是个盛产美食的地方，丰富的山林资源，加上湿润的亚热带气候，为闽北盛产各种山珍提供了充足的条件。香菇、红菇、竹笋、建莲、薏米等地方特产以及野兔、野山羊、麂子、蛇等野味都是美食的上等原料。主要代表菜有八卦宴、文公菜、幔亭宴、蛇宴、茶宴、涮兔肉、熏鹅、鲤干、龙凤汤、食抓糍、冬笋炒底、菊花鱼、双钱蛋茹、茄汁鸡肉、建瓯板鸭、峡阳桂花糕等。

5. 闽中风味

以三明、沙县菜为代表，主要流行于闽中地区。

闽中菜以其风味独特、做工精细、品种繁多和经济实惠而著称，小吃居多，其中最有名的是沙县小吃。沙县小吃共有 162 个品种，常年上市的有 47 多种，形成馄饨系列、豆腐系列、烧卖系列、芋头系列、牛杂系列，其代表有烧卖、馄饨、夏茂芋饺、泥鳅粉干、鱼丸、真心豆腐丸、米冻皮与米冻糕。

6. 莆仙风味

以莆田菜为代表，主要流行于莆仙地区。

莆仙菜以乡野气息为特色，主要代表有五花肉滑、炒泗粉、白切羊肉、焖豆腐、回力草炖猪脚、土笋冻、莆田（兴化）米粉、莆田（江口）卤面、莆田（西天尾）扁食、酸辣鱿鱼汤。

（六）浙菜

浙江地处中国东海之滨，素称鱼米之乡，特产丰富，盛产山珍海味和各种鱼类。浙菜是以杭州、宁波、绍兴和温州四种风味为代表的地方菜系。浙菜采用原料十分广泛，注重原料的新鲜、合理搭配，以求味道的互补，充分发掘出普通原料的美味与营养，特别是杭菜中的湖上帮和山里帮两大风味技术体系，都强调原料鲜嫩，现取现做。

杭帮菜重视其原料的鲜、活、嫩，以鱼、虾、禽、畜、时令蔬菜为主，讲究刀工，口味清鲜，突出本味。其制作精细，变化多样，喜欢以风景名胜来命名菜肴，烹调方法以爆、炒、烩、炸为主，清鲜爽脆。

宁波菜咸鲜合一，以烹制海鲜见长，讲究鲜嫩软滑，重原味，强调入味。口味甜、咸、鲜、臭，以炒、蒸、烧、炖、腌制见长，讲求鲜嫩软滑，注重大汤大水，保持原汁原味。

温州菜素以"东瓯名镇"著称，口味清鲜，淡而不薄，烹调讲究"二轻一重"，即轻油、轻芡、重刀工都自成一体，别具一格，烹调方法以烧、蒸、炖、煨、炸为主。而金华菜则是浙菜的重要组成部分，金华菜以火腿菜为核心，在外地颇有名气，仅火腿菜品种就达300多道。火腿菜烹饪不宜红烧、干烧、卤烩，在调配料中忌用酱油、醋、茴香，桂皮等；也不宜挂糊、上浆，讲究保持火腿独特色香味。

浙江点心中的团、糕、羹、面品种多，口味佳。例如，嘉兴肉粽、宁波汤圆、绍兴臭豆腐、舟山虾爆鳝面、湖州馄饨等。名菜有龙井虾仁、西湖莼菜、虾爆鳝背、西湖醋鱼、冰糖甲鱼、腐皮包黄鱼、网油包鹅肝、荷叶粉蒸肉、黄鱼海参羹、彩熘全黄鱼等。

（七）徽菜

指徽州菜，简称徽菜，徽菜是古徽州的地方特色，其独特的地理人文环境赋予徽菜独有的味道，由于明清徽商的崛起，这种地方风味逐渐进入市肆，流传于苏、浙、赣、闽、沪、鄂以至长江中、下游区域，具有广泛的影响，明清时期一度居于八大菜系之首。根据2009年出版的中国徽菜标准，正式确定徽菜为皖南菜、皖江菜、合肥菜、淮南菜、皖北菜五大风味，沿江菜、沿淮菜、皖南菜的总称。由于徽州多山多水多食材，徽菜注重食物的本真，以烹饪山珍水产见长。

特点是芡大油重，喜用火腿佐味，以冰糖提鲜，善于保持原料的本味、真味，口感以咸、鲜、香为主，放糖不觉其甜。烹调方法上擅长烧、炖、蒸，而爆、炒菜少，重油、重色、重火功。徽菜菜肴常用木炭风炉单炖单煮，原锅上桌，浓香四溢，体现了徽味古朴典雅的风貌，代表菜肴有毛峰熏鲥鱼、火腿炖甲鱼、腌鲜鳜鱼、黄山炖鸽、雪冬烧山鸡等。

（八）湘菜

湘菜，又叫湖南菜，湘菜特别讲究调味，尤重酸辣、咸香、清香、浓鲜。夏天炎热，其味重清淡、香鲜。冬天湿冷，味重热辣、浓鲜。

湘菜调味，特色是"酸辣"，以辣为主，酸寓其中，"酸"是酸泡菜之酸，比醋更为醇厚柔和。湖南大部分地区地势较低，气候温暖潮湿，古称"卑湿之地"。而辣椒有提热、开胃、祛湿、祛风之效，故深为湖南人民所喜爱。剁椒经过乳酸发酵，具有开胃、养胃的作用。

湖南菜最大特色一是辣，二是腊。著名菜点有东安子鸡、剁椒鱼头、腊味合蒸、组庵鱼翅、冰糖湘莲、红椒腊牛肉、浏阳蒸菜、干锅牛肚、平江火焙鱼、平江酱干、吉首酸肉、湘西外婆菜、换心蛋等。

长沙小吃是中国四大小吃之一，主要品种有糯米粽子、麻仁奶糖、浏阳茴饼、浏阳豆豉、臭豆腐、春卷、口味虾、糖油粑粑等。

二、烹饪方法

（一）炒

炒是最基本的烹饪技法。其原料一般是片、丝、丁、条、块，炒时要用旺火，要热锅热油，所用底油多少随料而定。依照材料、火候、油温高低的不同，可分为生炒、滑炒、熟炒及干炒等方法。

（二）爆

爆就是急、速、烈的意思，加热时间极短，烹制出的菜肴脆嫩鲜爽。爆法主要用于烹制脆性、韧性原料，如肚子、鸡肫、鸭肫、鸡鸭肉、瘦猪肉、牛羊肉等。常用的爆法主要为：油爆、芫爆、葱爆、酱爆等。

（三）熘

熘是用旺火急速烹调的一种方法。熘法一般是先将原料经过油炸或开水汆熟后，另起油锅调制卤汁（卤汁也有不经过油制而以汤汁调制而成的），然后将处理好的原料放入调好的卤汁中搅拌或将卤汁浇淋于处理好的原料表面。

（四）炸

炸是一种旺火、多油、无汁的烹调方法。炸有很多种，如清炸、干炸、软炸、酥炸、面包渣炸、纸包炸、脆炸、油浸、油淋等。

（五）烹

烹分为两种：以鸡、鸭、鱼、虾、肉类为料的烹，一般是把挂糊的或不挂糊的片、丝、块、段用旺火油先炸一遍，锅中留少许底油置于旺火上，将炸好的主料放入，然后加入单一的调味品（不用淀粉），或加入多种调味品对成的芡汁（用淀粉），快速翻炒即成；以蔬菜为主料的烹，可把主料直接用来烹炒，也可把主料用开水烫后再烹炒。

（六）煎

煎是先把锅烧热，用少量的油刷一下锅底，然后把加工成型（一般为扁形）的原料放入锅中，用少量的油煎制成熟的一种烹饪方法。一般是先煎一面，再煎另一面，煎时要不停地晃动锅，使原料受热均匀，色泽一致。

（七）烧

烧是先将主料进行一次或两次以上的热处理之后，加入汤（或水）和调料，先用大火烧开，再改用小火慢烧至或酥烂（肉类，海味），或软嫩（鱼类，豆腐），或鲜嫩（蔬菜）的一种烹调方法。由于烧菜的口味、色泽和汤汁多寡的不同，它又分为红烧、白烧、干烧、酱烧、葱烧、辣烧等许多种。

（八）焖

焖是将锅置于微火上加锅盖把菜焖熟的一种烹饪方法。操作过程与烧很相似，但小火加热的时间更长，火力也更小，一般在半小时以上。

（九）炖

炖和烧相似，所不同的是，炖制菜的汤汁比烧菜的多。炖先用葱、姜炝锅，再冲入汤或水，烧开后下主料，先大火烧开，再小火慢炖。炖菜的主料要求软烂，一般是咸鲜味。

（十）蒸

蒸是以水蒸气为导热体，将经过调味的原料，用旺火或中火加热，使成菜熟嫩或酥烂的一种烹调方法。常见的蒸法有干蒸、清蒸、粉蒸等几种。

（十一）汆

汆既是对有些烹饪原料进行出水处理的方法，也是一种制作菜肴的烹调方法。汆菜的主料多是细小的片、丝，花刀型或丸子，而且成品汤多。汆属旺火速成的烹调方法。

（十二）烩

烩是将汤和菜混合起来的一种烹调方法，用葱、姜炝锅或直接以汤烩制，调好味再用水淀粉勾芡。烩菜的汤与主料相等或略多于主料。

（十三）烤

烤是把食物原料放在烤炉中利用辐射热使之成熟的一种烹饪方法。烤制的菜肴，由于原料是在干燥的热空气烘烤下成熟的，表面水分蒸发，凝成一层脆皮，原料内部水分不能继续蒸发，因此成菜形状整齐，色泽光滑，外脆里嫩，别有风味。

（十四）拔丝

拔丝是将糖（冰糖或白糖）加油或水熬到一定的火候，然后放入炸过的食物翻炒，吃时能拔出糖丝的一种烹调方法。

【检测反馈】

表 10-1　中国菜系知识介绍能力考核评价表

考查人		被考查人	
考查地点			
考查内容			
考核标准	内容	分值	实际得分
	普通话标准	20	
	内容准确、有创新	40	
	表述有条理性	20	
	用词规范、言之有情	20	
合计			
点评			

任务二　酒水知识

【任务引入】

一对英国夫妇到中国旅游，入住一家五星级酒店，餐中特意点了一壶龙井茶，服务员规范地提供了茶水冲泡及上茶服务，客人对服务员提供的一系列服务也表示满意。

【任务分析】

餐饮即食品和饮品，客人到酒店不仅品尝风味佳肴，还品尝特色饮品，这对就餐客人而言是一种就餐体验，更是一个地方乃至一个国家饮食文化的呈现。作为一名酒店从业人员，我们需要掌握相关的菜系知识和酒水知识，让客人高兴而来、满意而归。

【知识链接】

酒水是酒类和水类的统称，可指酒、水、饮料等液体可饮用的水，用来招待客人的液体。酒是以粮食为原料经发酵酿造而成的。

一、认识中国酒的类型及酒的度数

（一）酒的类型

1. 酱香型白酒

又称茅香型，茅台型，以贵州茅台酒为代表。其特点风格是"酱香突出，幽雅细腻，酒体醇厚，回味悠长，空杯留香"，其主体香成分复杂，郎酒也是此香型的代表。

2. 浓香型白酒

又称泸香型，以四川泸州老窖特曲为代表。其特点风格为"芳香浓郁，清爽甘洌，入口甜，落口绵，尾净余长"，尤其以其香气"艳""郁"为突出，香味协调，尾子干净是判断浓香型酒质量优劣的主要依据，其概括为"香、醇、浓、绵、甜、净"。其他的代表酒有洋河大曲、五粮液、剑南春。

3. 清香型白酒

采用清蒸清烧二遍清传统工艺生产，山西杏花村汾酒为此代表。典型风格为清香醇正，自然协调，醇甜柔和，余味爽净，特点是"清、爽、醇、净"。

4. 米香型白酒

以桂林三花酒为代表,典型风格是酒质晶莹,蜜香清雅,入口柔绵,落口爽冽,回味怡畅,以"清、甜、爽、净"见长。

5. 兼香型白酒

又称为其他香型,混合香型白酒,如董酒、白云边等。其风格独特,既有大曲酒的浓郁芳香,又有小曲酒的柔绵醇和、落口舒适甜爽的特点。

(二)酒的度数的划分

酒的度数表示酒中含乙醇的体积百分比,通常是以 20 摄氏度时的体积比表示的,如 50 度的酒,表示在 100 毫升的酒中,含有乙醇 50 毫升。表示酒精含量也可以用重量比,重量比和体积比可以互相换算。

白酒的度数一般是指的酒精含量。按照白酒的酒精含量多少划分可以将白酒分为两类:一类是高度白酒,另一类是低度白酒。

1. 高度白酒这是我国传统生产方法所形成的白酒,酒度在 40 度以上。

2. 低度白酒的酒度一般在 40 度以下。

二、认识中国茶的分类及冲泡方法

(一)种类

中国的茶叶种类很多,分类也自然很多,但被大家熟知和广泛认同的就是按照茶的色泽与加工方法分类,即六大茶类分类法:绿茶、红茶、青茶、黄茶、黑茶、白茶。

1. 绿茶(green tea)

绿茶是中国的主要茶类之一,是指采取茶树的新叶或芽,未经发酵,经杀青、整形、烘干等工艺制作而成。绿茶属于未发酵茶,其特征是成品茶的色泽、冲泡后的茶汤和叶底均以绿色为主调。

图 10-1 绿茶

我国绿茶主要有:西湖龙井、洞庭碧螺春、黄山毛峰、信阳毛尖、庐山云雾、六安瓜片、太平猴魁等。

2. 红茶(black tea)

红茶属于全发酵茶,其特征是因干茶色泽、冲泡后的茶汤和叶底以红色为主调而得名。红茶以适宜制作本品的茶树新芽叶为原料,经萎凋、揉捻、发酵、干燥等典型工艺过程精制而成。

红茶在加工过程中发生了以茶多酚酶促氧化为中心的化学反应，鲜叶中的化学成分变化较大，茶多酚减少 90% 以上，产生了茶黄素、茶红素等新成分，香气物质比鲜叶明显增加，所以红茶具有红茶、红汤、红叶和香甜味醇的特征。我国红茶以祁门红茶最为著名，为我国第二大茶类。

图 10-2　红茶

3. 青茶（oolong tea）

青茶又称为乌龙茶，属于半发酵茶，品种较多，是中国几大茶类中，独具鲜明特色的茶叶品类。乌龙茶是经过采摘、萎凋、摇青、炒青、揉捻、烘焙等工序后制出的品质优异的茶类。乌龙茶由宋代贡茶龙团、凤饼演变而来，创制于 1725 年（清雍正年间）前后，品尝后齿颊留香，回味甘鲜。

图 10-3　青茶

其主要品种有：安溪铁观音、凤凰水仙等。

4. 黄茶（yellow tea）

黄茶是中国特产，属于轻发酵茶，其按鲜叶老嫩芽叶大小又分为黄芽茶、黄小茶和黄大茶。黄芽茶主要有君山银针、蒙顶黄芽和霍山黄芽、远安黄茶；如沩山毛尖、平阳黄汤、雅安黄茶等均属黄小茶。三峡库区蓄水以后，秭归山区常年雾气笼罩，形成了独具特色的秭归黄茶，也属于黄小茶。

图 10-4　黄茶

黄茶中的名茶有：君山银针、蒙顶黄芽、北港毛尖、远安黄茶、霍山黄芽、沩江白毛尖、平阳黄汤、广东大叶青、海马宫茶等。

5. 黑茶（dark tea）

黑茶因成品茶的外观呈黑色，故得名。黑茶属于后发酵茶，主产区为四川、云南、湖北、湖南、陕西、安徽等地。传统黑茶采用的黑毛茶原料成熟度较高，是压制紧压的主要原料。

图 10-5　黑茶

黑毛茶制茶工艺一般包括杀青、揉捻、渥堆和干燥四道工序。黑茶按地域分布，主要分类为湖南黑茶（茯茶、千两茶、黑砖茶、三尖等）、湖北青砖茶、四川藏茶（边茶）、安徽古黟黑茶（安茶）、云南黑茶（普洱熟茶）、广西六堡茶及陕西黑茶（茯茶）。

6. 白茶（white tea）

白茶属微发酵茶，是中国茶类中的特殊珍品，因其成品茶多为芽头，满披白毫，如银似雪而得名。

白茶是指一种采摘后，不经杀青或揉捻，只经过晒或文火干燥后加工的茶，具有外形芽毫完整，满身披毫，毫香清鲜，汤色黄绿清澈，滋味清淡回甘的品质特点。

图 10-6　白茶

白茶因茶树品种和原料要求不同，分为白毫银针、白牡丹、寿眉、贡眉四种产品。

（二）几种茶的冲泡

茶叶的冲泡，一般只要备具、备茶、备水，经沸水冲泡即可饮用。但要冲泡得好，也不是易事，需要把茶固有的色、香、味充分发挥出来，要根据茶的不同特性，应用不同的冲泡技艺和方法才能达到。

1. 绿茶的冲泡

绿茶的冲泡通常用透明度好的玻璃杯（壶）、瓷杯或茶碗冲泡，泡茶的水质要好，茶具（茶杯或茶碗）要洁净，通常选用纯净水或优质矿泉水，水的酸碱度为中性或微酸性，切勿用碱性水，以免茶汤变深。沏茶的水温要求在 80 摄氏度左右最为适宜，因为优质绿茶的叶绿素在过高的温度下易被破坏变黄，同时茶叶中的茶多酚物质也会在高温下氧化使茶汤很快变黄，很多芳香物质在高温下也很快挥发散尽。茶与水的比例要恰当，通常茶与水之比为 1∶50~1∶60（1 克茶叶用水 50~60 毫升）为宜，这样冲泡出来的茶汤浓淡适中，口感鲜醇。

冲泡的手法要求手持水壶往茶杯中注水，采用"凤凰三点头"的手势，使注入的热水冲动茶叶上下浮动，茶汁也易泡出。另外，在冲泡时常先注入少量热水，使茶叶浸润一下，稍后再注水至离杯沿 1~2 厘米处即可。若待客，可将泡好茶的茶杯或茶碗放入茶盘中，捧至客人面前，以手示意请客人品饮。

2. 红茶的冲泡

红茶的饮用方法，归纳起来大体分为清饮法和调饮法两类。

（1）清饮法。就是将茶叶放入茶壶中，加沸水冲泡，然后注入茶杯中细品慢饮。好的条红茶一般可冲泡 2~3 次，而红碎茶只能冲泡 1~2 次。

（2）调饮法。是将茶叶放入茶壶，加沸水冲泡后，倒出茶汤在茶杯中再加奶或糖、柠檬汁、蜂蜜、香槟酒等，根据个人爱好，任意选择调配，风味各异。

3. 乌龙茶的冲泡

乌龙茶的品饮特点是重品香，不重品形，先闻其香后尝其味，因此十分讲究冲泡方法。茶叶的用量比名优茶和大宗花茶、红茶、绿茶要多，以装满紫砂壶容积的 1/2 为宜，约重 10 克。泡茶水温：乌龙茶采摘的原料是成熟的茶枝新梢，对水温要求与细嫩的名优茶有所不同，要求水沸立即冲泡，水温为 100 摄氏度，水温高茶汁浸出率高，茶味浓、香气高，更能品饮出乌龙茶特有的韵味。冲泡的时间和次数：乌龙茶较耐泡，一般泡饮 5~6 次，仍然余香犹存；泡的时间要由短到长，第一次冲泡，时间短些，约 2 分钟，随冲泡次数增加，泡的时间相对延长。斟茶方法也与泡茶一样讲究，传统的方法是用拇、食、中指夹着壶的把手，斟茶时应低行，以防失香散味。茶汤按顺序注入几个小茶杯内，注量不宜过满，以每杯容积的 1/2 为宜，逐渐加至八成满，使每杯茶汤香味均匀。

4. 花茶的冲泡

花茶的品饮虽重于香气，品饮高档名优花茶通常选用透明的玻璃杯冲泡，茶叶用量与水之比为 1∶50（1 克茶叶用水 50 毫升），宜用 85 摄氏度左右的沸水冲泡，时间 3~5 分钟，冲泡次数以 2~3 次为宜。如冲泡的是特级茉莉毛峰花茶，可欣赏到毛峰芽叶在玻璃杯中徐徐展开、朵朵直立、上下沉浮、栩栩如生的景象，别有情趣。泡好后，先揭盖闻香，再尝其味。中、低档花茶，主要是闻香尝味，一般选用洁净的白瓷杯或白瓷茶壶冲泡，水温要求 100 摄氏度，冲泡 5 分钟后即可斟饮。

【检测反馈】

表 10-2　酒水知识介绍能力考核评价表

考查人		被考查人	
考查地点			
考查内容			
考核标准	内容	分值	实际得分
	仪容仪表规范	20	
	讲解内容准确、有创新	10	
	表述有条理性	20	
	普通话标准、用词规范	10	
	茶的冲泡	40	
合计			

项目十一　主要客源国的饮食习俗和禁忌

【学习目标】

1. 理解亚洲地区主要客源国饮食习俗和禁忌；
2. 掌握欧美地区主要客源国的饮食习俗和禁忌；
3. 理解酒店从业人员应具备的知识能力。

任务一　亚洲地区主要客源国的饮食习俗和禁忌

【任务引入】

小李到一家五星级酒店工作，有一天餐厅来了几位日本客人，因为是提前预订，正好由同事小张负责接待，因为餐前准备都要折叠餐巾花摆放在台面上进行装饰，所以迎宾员按照惯例引领客人至包间，当客人进入包间坐下后，立刻面露不悦，小张纳闷儿，客人为什么不高兴呢？

【任务分析】

我们接待的客人来自五湖四海，各个国家的客人因习俗不同，服务过程中需要结合客人的情况有针对地提供服务，本案例中，小张接待的是提前预订的日本客人，日本人对荷花的认知不同，而餐桌上摆的是荷花造型的餐巾花，这也就造成了服务过程中的尴尬局面……

【知识链接】

所谓客源国，是指与我国有较密切交往的国家，这些国家的社会习惯和饮食习俗与我国差异很大，要想在涉外服务体现良好的服务素质，就必须了解和掌握他们的饮食习俗，从而提供有针对性的服务。

一、日本

日本人在用餐时，要摆上一张矮桌，男子盘腿席地而坐，女子跪坐而食，日常饮食有三种料理，即日本料理、中华料理、西洋料理，有时是混合选用这些料理，当然我们最熟知的就是日本料理。

日本料理，主要特色为"五味""五色"与"五法"。五味指在不同季节，饮食口味应有不同的侧重，讲究春苦、夏酸、秋滋、冬甜，加上日本人喜欢的涩味。五色指和食注重外形，讲究色彩搭配，不同季节的要求是：绿春、朱夏、白秋、玄冬，还有一种是黄色。五法指和食的烹饪方法主要有蒸、烧、煮、炸、生五种。和食以大米为主，多用海鲜、蔬菜，讲究清淡与味鲜，忌油腻，注重质精量小、营养丰富；爱吃面酱和酱菜、紫菜、酸梅等；爱吃牛肉、鸡蛋、清水大蟹、海带、精猪肉和豆腐等；爱吃鲜中带甜的菜。典型和食有寿司、拉面、天妇罗、煮物、蒸物等，还有饭团与便当，尤以生食鱼片最为著名。吃生鱼片时配辣根解腥杀菌，吃凉菜时喜欢撒少许芝麻、紫菜末、生姜丝等起调味、点缀作用。逢年过节喜吃寿司、红薯饭、红豆饭等以示吉祥。

日本人非常爱喝酒，喜爱西洋酒、中国酒、日本清酒，斟酒讲究满杯。日本人普遍爱饮茶，讲究"和、敬、清、寂"四规的茶道。茶道具有参禅的意味，重在陶冶情趣，环境要求幽雅自然，还有一整套点茶、泡茶、献茶、饮茶的具体方法。种茶、饮茶的风俗还是从中国传入的，茶道实际上是中日两国文化交流的结果。

日本人非常反感荷花及图案，认为这是"妖花"（仅用于丧葬），忌赠送和摆设。不送菊花（皇宫的标志）、山茶花、仙客来花、白色的花和淡黄色的花；探望病人不送盆花和带泥土的花。不送梳子、圆珠笔、T恤衫、火柴、广告帽等小礼物；包装礼品时，不扎蝴蝶结；送礼忌"9"，会误认为你把他看作强盗。日本人极为反感金银眼的猫以及狐狸，认为其是"晦气""贪婪"与"狡诈"的化身；讨厌绿色和紫色，都具有不祥与悲伤的意味。"4"的发音与"死"相似，"8"的发音则与"苦"相近，均视为不吉利；忌三人合影，谁都不愿站中间，他们认定被人夹着是不祥的预兆；不乐意别人敬烟，也不给别人敬烟；不能倒贴邮票，表示绝交；用右手的拇指与食指合成一个圆圈时，不表示"OK"，是在表示"钱"。

二、韩国

韩国人有许多生活习惯与中国东北地区相近，早起床、爱清洁、讲卫生，见面时一般以咖啡、不含酒精的饮料或大麦茶待客，客人不能拒绝。家宴来宾时，宾主围在一张短腿方桌周围，盘腿席地而坐，不摸脚或叉开、伸直双腿。用餐时不先于长辈动筷，不用筷子指指点点，餐毕要将筷子整齐地放在餐桌上；吃饭不宜边吃边谈、高谈阔论，嘴里不宜有响声；不能比父母吃得快或早于父母离席；应邀去家中做客，不可空手前往，按习惯要带一束鲜花或一份小礼物，用双手奉上，受赠者不当着赠礼者打开礼物。在韩国，不能光脚穿鞋子，进屋前要将鞋脱留门口；放置鞋子时，不准将鞋尖对准房间。

韩国人十分在意社交场合的穿着，衣冠不整，着装过透、过露，都会让人看不起，正式场合男子穿西装，女士着装得体大方。有的人喜穿民族传统服装（尤其是逢年过节），男子穿袄，穿宽大长裤，有时外加坎肩、长袍，外出还戴一顶斗笠；女士穿短袄，着齐胸长裙，色彩因季节变化而异，以白色为主，有"白袍之国"的美称。

韩国人主食是大米，口味偏清淡，不要油腻，以辣和酸为主，大酱汤与泡菜是不可缺少的两道菜，不吃鸭肉、羊肉和肥猪肉；喜吃黄豆芽、卷心菜、细粉、菠菜、萝卜、洋葱等；最爱吃用辣椒酱配豆腐、鱼片或其他肉类、蔬菜烹制的"汤"，很多年轻人爱吃西餐，韩国人在中国喜欢吃川菜，爱喝茶和咖啡。

韩国人自尊心很强，反对崇洋媚外，倡导使用国货，馈赠礼品宜选择鲜花、酒类、工艺品，但不能是日本出产的，接受礼品大都不习惯当场打开包装。

韩国人十分厌恶"4"（发音与"死"相似），许多楼房编号严禁"4"字，医院绝没有4号病房、4号床，各地旅馆不设第4层，喝酒绝不肯喝4杯；主人总是以1、3、5、7之数敬酒、敬茶、布菜、并力避以双数停杯罢盏；不说"私""师""事"等字。受西方习俗影响，有不少人不喜欢"13"这个数字。

过节忌说不吉利的话；正月头三天不杀生，不能扫地倒垃圾；寒衣节忌生火；生肖相克者忌婚配。进入房间，女子不走男子前面，须帮男子脱下外套；女子不在男子面前高声谈笑，不从男子身前通过。

三、新加坡

新加坡位于马来半岛南端，由53个岛屿和7座礁滩组成，因岛之形状像狮子而命名。"新加坡"一词来自梵文，是"狮子城"之意，伊斯兰教为国教，马来血统和巴基斯坦血统的人信奉伊斯兰教，华人和斯里兰卡人多信佛教，印度血统的人信印度教，有少数人信奉基督教和天主教。其园林化程度在世界上首屈一指，以"花园城市"著称。

新加坡人在国家庆典和一些隆重的场合常穿以胡姬花作图案的国服；对外交往中大多穿深色西服或套裙；政务活动和商务交往中着装讲究郑重其事。日常生活中，不同民族的人着装打扮各具民族特色，华人着装多为长衫、长裤、连衣裙和旗袍；马来人爱穿"巴汝"、纱笼；锡克人男子缠头，女子身披纱丽。在公共场所，着装过分随便者，往往被禁止入内。

新加坡人多为华人，祖籍多为广东、福建、海南和上海等地，饮食习惯大同小异，最佳选择是中国的粤菜、闽菜、上海菜。口味清淡，偏爱甜味，讲究营养，爱吃米饭和生猛海鲜，不太喜欢面食；爱吃桃、荔枝、生梨等水果；知识分子则多为西餐。新加坡人（特别是华裔）喜欢饮茶，客人到来会以茶相待；春节来临，在清茶中加入橄榄油饮用，称为"元宝茶"，认为喝这种茶可令人"财运亨通"；常饮中草药泡制的补酒，如鹿茸酒、人参酒等。

在社交性的谈话中，切忌议论政治得失、种族摩擦、宗教是非和配偶情况等，但可交流旅行方面的经验，也可谈论所到过国家的各种见闻。好的交谈话题是当地的风味食品、餐馆、受欢迎的旅游地区和主人一方的商业成就。新加坡严忌说"恭喜发财"，他们将"财"理解为"不义之财"或"为富不仁"，说"恭喜发财"被认为是对别人的侮辱和嘲骂。

举止禁忌：用食指指人，用紧握的拳头打在另一只张开的掌心上，或紧握拳头，把拇指插入食指和中指之间均被认为是极端无礼的动作，双手不要随便叉腰，因为那是生气的表示。

新年期间不扫地、不洗头，否则好运会被扫掉、洗掉；不要打破屋里的东西，尤其是不要打破镜子，因为那将预示着家庭的分裂或发生其他不幸的事；不穿旧衣，不用针和剪刀，它们会带来坏运气。

新加坡人认为"4""6""7""13""37"和"69"是消极的数字，他们最讨厌"7"，平时尽量避免这个数字。新加坡人视黑色为倒霉、厄运之色，紫色也不受欢迎，他们偏爱红色，视红色为庄严、热烈、刺激、兴奋、勇敢和宽宏之象征，他们也欢迎蓝色和绿色。新加坡禁止在商品包装上使用如来佛的图像，也不准使用宗教用语，忌讳乌龟的图案。

四、泰国

泰国礼仪在佛教影响为主的基础上，融合了伊斯兰教和中国儒家的礼仪形式，注重人际关系，待人接物有许多约定俗成的规矩：见面施合十礼，要求合掌时指尖朝上、头稍低，手举得越高（胸前至额区），其尊敬程度越深；朋友相见施合十礼以示问候，受礼者须同样还礼；地位低或年轻人应主动向地位高或年长者致合十礼，最好双手举到前额，还礼人手可以不高于前胸。

交际场合习惯以"小姐""先生"相称。有长辈在座，晚辈只能坐在地上或蹲跪，以免高于长辈头部，否则被视为大不敬；别人坐着时，不可把物品越过其头顶；从坐着的人前走过，要略躬身以示礼貌；给长者递物须用双手表尊敬，给一般人递物用右手，如不得已需用左手时要说声"请原谅，左手"，更不能把东西扔给别人。

泰国人一向讲究"温良恭俭让"，与人打交道时，总喜欢面含微笑，交谈时总是细声细语；在泰国人看来，与人交往时面无表情、愁眉不展、高声喧哗、大喊大叫，都是失敬于人的。

泰国人素以大米为主食，因味香、口感好的米质享有泰国香米盛誉；副食主要是鱼和蔬菜，最喜吃具有民族风味的"咖喱饭"，用大米、肉片或鱼片、青菜调以辣酱油做成；做菜、烧汤或煮面食都调拌鱼露和辣椒，否则觉得口味不正。早餐多数吃西餐，如烤面包、黄油、果酱、咖啡、牛奶、煎鸡蛋等；中、晚餐爱吃中国的广东菜和四川菜，口味特点是辛辣，且越辣越好；不喜欢酱油，不爱吃牛肉和红烧食物，也不放糖；喜喝啤酒，爱喝白兰地兑苏打水；喝咖啡、红茶时，配以小蛋糕和干点心；饭后有吃苹果、鸭梨的习惯，但不吃香蕉。

泰国人尊崇佛教，要尊重佛祖和佛门弟子，要遵守佛规，佛像未经允许不准拍照；买佛饰忌用"购买"类词语。进入佛寺前要脱鞋，向僧人赠送现金，视为一种侮辱。

泰国人"重头轻脚"，认为头颅是智慧、灵魂之所在，尊贵、神圣不可侵犯，绝不能触摸头部，也不能拍打对方的肩、背；因日落西方象征死亡，睡觉忌"头朝西、脚向东"（停尸才头朝西）。认为脚除了走路外别无所长，是低下的，忌把脚伸到别人面前，不把物品踢给别人，不踢门；站与坐都不要让鞋底露出来，更不能让鞋底朝向对方；席地而坐时，不准盘足或双腿叉开。泰国人认为"左手不洁"，忌左手取用食物、递接物，忌挥左手致意，忌以手指指点点；现代泰国人用餐时，已有人开始用叉、勺，左手持叉、右手拿勺。

公共场合和参观王宫、佛寺时，禁止穿背心、短裤、超短裙；应邀做客，应脱鞋于门口（上楼忌穿鞋），客人忌坐男主人的固定座位；女士就座应双腿并拢，否则视为没教养；忌褐色，忌用红笔签字或刻字；不喜欢与"伤心"

谐音的茉莉花，忌家庭种植；忌狗的图案。

【检测反馈】

思考：

1. 讲解一个你熟悉的亚洲客源国饮食习俗和禁忌。

任务二　欧美地区主要客源国的饮食习俗和禁忌

【任务引入】

王一毕业后到一家高星级酒店工作，先被安排到客房部工作，后来因为自己的专业特长被安排到餐饮部门工作，酒店规模较大，每天都会接待大量的国外游客，通过实践，王一感觉到能胜任岗位的工作，该岗位不仅需要良好的专业技能，还要掌握方方面面的知识，尤其不同国家的游客其饮食、习俗和禁忌都有很大的差别，掌握这些内容才能有针对性地提供对客服务，才能让客人满意。

【任务分析】

旅游活动的规律是由近及远、先国内后国外的规律的发展的，所以我们不仅要了解亚洲主要客源国的饮食、禁忌，还要了解欧美国家的饮食习俗和禁忌，让所有人都感受到我们的优质服务。

【知识链接】

一、北美洲地区

（一）美国

1. 礼貌礼节

美国是多民族的移民国，各民族礼俗兼收并蓄，形成了以欧洲移民传统习俗为主的特色。美国人性格随和友善，自由开放，易于接近；注重实利，处事果断；以热情豪放、不拘礼节著称。初次见面不一定行握手礼，有时只微笑点头，甚至直呼其名；分手时也不一定道别或握手，而是挥挥手说"明天见"或"再见"。

美国人很健谈，常配以手势表情达意；他们不喜欢沉默，很注重平等待人。尊重妇女，崇尚"女士第一""女士优先"，女士总受到格外优待。见面时她们不主动伸手，不能抢着要求握手；如她们已伸手，应立即做出相应的反应，但不能握得又重又紧或长时间不松手；可为其开门或让其先行等。

美国人遵时守信，登门拜访必先电话预约，一般不会无约而至；赴约准时，不能按时到达，会打电话通知对方并表示歉意。进门应脱帽，先向女主人问好，再向男主人问好；就餐时，由女主人安排座位，正式宴请一般先在座位前放上客人姓名卡片；在餐桌上女主人是核心，每道菜须女主人动手吃后才能开始吃，进食时不应发出声响，饭后要等女主人离席时方可离席。

美国人不随便送礼，但在节日或朋友生日、婚礼或探视病人时大多会送礼；爱选书籍、文具、盆景、鲜花、巧克力及中国工艺品作礼物，不太计较礼物的轻重贵贱，但十分讲究包装；不能送双数，美国人认为单数吉祥。送礼要写信或附礼物卡，使赠送者显得有礼，对接受者也表明礼品非索要所得；若受礼者不知你来送礼，可不敲门将礼物放其家门口，然后电话通知他取礼物。

美国人着装总是根据场合、社会角色而定，日常着装崇尚自然、偏爱宽松、追求个性风格，爱穿T恤装、牛仔装、夹克衫和运动装。正式场合着装严谨，男士穿较深色的西装、打领带，给人沉稳可靠的印象；女士穿西服套裙，化淡妆。

2. 饮食

美国人十分讲究时间和效率，一日三餐的要求是既营养又美味，力求简便与快捷。通常食用快餐、罐头或冷冻食品，代表性食物是热狗、汉堡包。美国菜以煎、炸、炒、烤为主，烹制时不放调料，把酱油、醋、盐、味精、胡椒面、辣椒粉等放在餐桌上，食用者自行选择调味。多数吃西餐，也爱吃中国的川菜和粤菜，爱吃中国北方的甜面酱和南方的蚝油、海鲜酱等；他们对带骨的鱼、肉类菜，均尽量剔去骨刺后再做菜，如鸡、鸭去骨，鱼须斩头去尾、剔除骨刺，虾应剥壳、蟹要拆肉等；爱吃糖醋鱼、咕咾肉、炸牛排、炸猪排、烤鸭、炸仔鸡、炸明虾、炸鱼、拔丝苹果等；爱吃青豆、菜心、豆苗、刀豆和蘑菇之类；喜用水果做菜肴配料，如菠萝焖火腿、苹果烤鹅鸭、紫葡萄焖野味等。美国人爱喝冰水、矿泉水、可口可乐、啤酒；不喝烈性酒，爱喝威士忌、白兰地、波本、苏格兰、曼哈顿、马丁尼；爱吃肥肉，忌食多种动物的内脏及五趾；不吃蒜和过辣食品。

用餐以刀叉取用，切割菜肴习惯于先用左手执叉右手执刀，切割完毕，放下餐刀，将餐叉换至右手，右手执叉而食。进餐时不发出声响，不替他人取菜，不吸烟，不劝酒，不当众宽衣解带，不议论令人作呕的事情。

3. 美国禁忌

美国人仍保留着原来民族的文化与生活方式，故禁忌较多。忌蝙蝠图案，认为是凶神恶煞的象征，黑猫被视为不祥之物，白象则被喻为无用而累赘之物，故送人玩具或工艺品时应避开这些形象；忌"3""13""星期五"，认为这些数与日期是厄运和灾难的象征；美国人忌谈个人私事，如年龄、婚姻状况、收入、宗教信仰；忌问其购物的价格；忌在见面时说"你长胖了"；忌走路时发出响声，认为在咒骂自己的母亲；不喜欢有人在自己的餐碟里剩食物；不喜欢"东方式"的谦虚，说话应是一说一，不要一味谦虚，否则会被视作虚伪；在一些场合禁吸烟，如教堂举行仪式时，病房或舞会，在公共汽车、火车、飞机标有"请勿吸烟"的座位上。

（二）加拿大（Canada）

1. 加拿大概况

加拿大位于北美洲北半部，东临大西洋，西濒太平洋，北濒北冰洋，面积998万多平方千米。英语和法语均为官方语言，62%的人讲英语，25%的人讲法语；实际上，除魁北克省使用法语外，英语是加拿大唯一通用语言。首都渥太华是全国的政治中心、铁路枢纽和港口，是世界上最冷的首都，积雪一般到四五月才开始融化，人们把加拿大称为"冰球之乡"。

2. 加拿大习俗

（1）礼貌礼节

加拿大因地广人稀的特殊环境，加上受欧洲移民的影响，交际应酬的最大特点是既讲究礼貌，又喜欢无拘无束。加拿大人开朗热情，待人诚恳，相遇时即使互不相识也会主动打招呼；社交场合相见先问候再行握手礼，异性之间由女士先伸手，或欠身或鞠躬致意；名片使用不太广泛，只有公司高级职员交换；亲吻和拥抱仅适合于熟人、亲友、恋人之间。一般场合，喜欢直呼其名，而且省去姓，父子之间也可互称其名；正式场合，称呼对方才连姓带名，并冠以"先生""小姐""夫人"等尊称；交往对象的头衔、学位、职务，只在官方活动中使用。

（2）服饰

加拿大人的着装以欧式为主，上班一般穿西服、套裙；社交活动穿礼服或时装；休闲则自由着装。节假日（尤其是欢庆传统民族节日）各民族人民爱穿本民族传统服装，参加社交活动男子须理发、修面，妇女会适当化妆、选戴首饰，这样被看作是自尊自爱、尊重交往对象的表现。

（3）饮食

加拿大人的饮食习惯口味清淡，偏重甜酸，不爱吃辣；喜吃烤、煎、炸、酥脆的食品，一般不用蒜味、酸辣味的调味品；做菜很少用调料，将调味品放餐桌上让用餐人自行调味。早、中餐较随便，喜吃西餐，用牛奶、麦片、玉米粥、烤面包、黄油、蛋类做早餐；中餐多用三明治、牛奶和罐头食品；晚餐较丰富，吃肉类和蔬菜，爱喝清汤；对沙丁鱼和野味有特殊爱好；点心喜吃苹果派、香桃等。传统菜肴为法国菜，加拿大蒙特利尔市被誉为"烹调之都"，用苹果作填料烹制的布罗美湖鸭驰名全国；烤牛排是加拿大名菜，也是家常菜；烤制牛排时多用里脊肉，不加佐料，烤熟后再加盐、番茄酱、土豆泥、黄瓜等辅料，多数喜欢吃嫩牛排（半生不熟，还冒血水）。喜欢喝金酒、威士忌兑苏打、红白葡萄酒、蜜酒、樱桃白兰、香核酒、啤酒；爱喝水果汁、可口可乐、冰水等；饭后爱喝咖啡、吃水果；爱喝中国红茶。加拿大人很重视食品的营养与卫生，不吃胆固醇含量高的动物内脏和脂肪量高的肥肉。

二、欧洲地区

（一）英国习俗

1. 礼貌礼节

英国的特点是较为谨慎和保守。社交上讲究含蓄和距离，性格内向，不爱张扬。人际交往中崇尚宽容和礼让，看重个性自由，平时不谈私事，不指手画脚，不评头论足，在不适当时候或没正当理由给对方打电话为失礼，拜访不会无约而至，注重保持"绅士风度"，表现为对女士的尊重与照顾，如上下电梯、乘车、行走、宴会就座与离席等场合，均让女士先行，举止文雅大方。

英国人很少行握手礼，初次见面、外出远行、久别重逢时才握手，礼貌用语"请""谢谢""对不起""你好""再见"。对长者、上级、不熟悉的人用尊称，冠上世袭的爵位或荣誉的头衔，对没有头衔的人用"阁下"或"先生""小姐""夫人"等美称，亲友和熟人之间常用昵称表亲切。

英国人邀请别人来家做客的情况不多，若应邀做客或预约拜访，宜迟到10分钟，应先敲门，待主人说"请进"方可入内；进门后，男子要向主人脱帽致意，女士应向女主人问好后才可入座，应带点鲜花或巧克力做礼物。聚会大都在酒店进行，较隆重的宴会仍保持着传统的司仪形式，赴宴者不得吸烟、走动或说话。

2. 服饰

英国人注重衣着、讲究穿戴，展示"绅士""淑女"风范。现代青年着装渐变为时髦、随便，但正式场合着装仍保守庄重，男士穿三件套深色西装，笔挺整洁；女士穿深色套裙或素雅的连衣裙，故黑色服装是首选。英国人注重着装细节，不打条纹式领带，系好衬衫袖口的扣子，不配穿凉鞋，不以浅色皮鞋配西服套装。

苏格兰男子的传统民族服装"基尔特"最为著名，是一条由腰至膝的花格子短裙配上宽腰带，在裙前系一小块椭圆形垂巾；每逢喜庆聚会，男人穿上"基尔特"，在民乐的伴奏下载歌载舞，以寄托强烈的民族感情。

3. 饮食

英国人吃西餐，以英、法菜为主，口味清淡，不用味精调味，不吃过咸、过辣或带黏汁的菜肴；一日四餐（早、中、晚餐、下午茶点），早餐喜吃麦片、三明治、奶油点心、煮鸡蛋、果汁或牛奶；中、晚餐以面包、火腿及猪、牛、鸡、鱼肉为主，晚餐喝咖啡，每餐要吃水果。"烤牛肉加约克郡布丁"被称为国菜，用牛腰肉、土豆加鸡蛋、牛奶、面粉置烤箱制成，上桌时配些单煮的青菜。

英国名气最大的饮料当推红茶与威士忌。多数人嗜茶如命，饮茶时，往杯中倒点儿冷牛奶或柠檬，再冲茶、加糖。早上醒来躺在床上喝一杯"被窝茶"，上班挤时间去"茶休"，即喝"下午茶"，是午餐与晚餐之间的一顿小吃，也是"以茶会友"的一种社交方式。喜喝威士忌（与法国干邑白兰地、中国茅台酒并列为世界三大名酒），除佐餐外，还喜欢静饮；常饮苏打水、葡萄酒、香槟酒；饮酒很少自斟自饮，习惯去酒吧，英国的酒吧是主要社交场所之一。

（二）法国

1. 法国概况

法兰西共和国位于欧洲西部，是个半海半陆的国家，"法兰西"源于古代的法兰克王国的国名，"法兰西"的本意是"自由"或"自由人"。首都巴黎是西欧的大都会，巴黎有世界上最大的艺术博物馆——蓬皮杜文化中心，还有埃菲尔铁塔、凯旋门、巴黎圣母院、凡尔赛宫、卢浮宫等。法国是发达的资本主义国家，是当代世界八大贸易国之一，法国拥有"高卢""艺术之邦""时装王国""名酒之国""美食王国"等美称。

2. 法国习俗

（1）礼貌礼节

法国人诙谐幽默，天性浪漫，善于交际。见面行握手礼，用"先生，幸会"等表问候；若两男子都戴帽则脱帽致意；亲吻礼和吻手礼较流行，但规矩很严，朋友、亲戚、同事之间只能贴脸颊，长辈对晚辈是吻额，只有夫妻和情侣才真正接吻，吻手礼限于男士在室内象征性地吻已婚妇女的手背，不能对少女行吻手礼。此外，还有拥抱和吻面，吻面礼使用得最多、最广泛。

法国人渴求自由，与人交谈喜用手势表达情感，显得乐观大方。法国人彬彬有礼，在公共场合，从不大声喧哗或指手画脚，更不会有不雅的小动作；上汽车、坐地铁、乘飞机、购物自觉排队，秩序井然，看重传统的"骑士风度"，并引以为自豪，其核心是男子对妇女的尊重与保护；把对女子表谦恭礼貌当作衡量教养好坏的标准，走路、入门、上楼、入席、入座，自觉礼让女性。

法国人普遍喜欢使用第二人称，含义为"您"；对官员、贵族、有身份者称"阁下""殿下"等；对陌生人称"先生""小姐""夫人"等。忌讳"老人家""老先生""老太太"等称呼。

（2）服饰

法国人善于着装打扮，领导服饰潮流，令人仿效。正式场合穿西装、套裙或连衣裙，出席庆典仪式时，一般穿礼服，男士穿配以蝴蝶结的燕尾服，女士穿连衣裙式的单色大礼服或小礼服，戴薄纱面罩、手套。

（3）饮食

法国烹调享誉全球，法国菜的特点是香味浓厚、鲜嫩味美、讲究色彩和营养，故烹制时要求用料广泛，制作精细，讲究原汁、原味、原色，注重营养，力保色泽鲜美，力保菜肴造型。法国菜品种繁多，喜选鲜活原料制作，肉烧到七八分熟，水鸭三四分熟即可，牛扒、烤牛排均以带血丝为好，牡蛎一般喜生吃。法国人对洋葱、大蒜头、丁香、香草、芹菜、胡萝卜等配料很感兴趣。法国人早餐简单，喜吃面包、黄油、牛奶、浓咖啡等；午餐喜吃炖鸡、炖火腿、炖鱼、焖龙虾等；晚餐很讲究，多吃肥嫩的猪、羊、牛肉、香肠和鸡、鱼虾、海鲜。爱吃蜗牛、青蛙腿，牛排和土豆丝是家常家，鹅肝是法国的名贵菜也常食用，爱吃冷盘（进餐时自切冷盘中食物），喜吃新鲜蔬菜。法国人喜食清汤、酥点，喜饮红茶，爱吃水果。凡到我国来的法国人大多爱吃中国菜，均喜欢把中国和法国的烹调技术并列为世界第一。

法国人宴饮讲究菜与酒的搭配，调味时用酒较重，也较讲究，如清汤用葡萄酒、海味用白兰地；如吃肉和奶酪时喝红葡萄酒，吃海味时用白葡萄酒，饭前喝开胃酒，饭后喝香槟酒。

法国的奶酪消费量居世界第一位，享有"奶酪之国"的美称，正如前总统戴高乐所说："一年365天，我们法国就有365种奶酪。"奶酪如饭一样必不可少，其品种之多、味道之美堪称世界一绝，喜喝咖啡。

用餐时，两手可放在桌上，但不将两肘放桌上，放刀叉习惯将一半放在碟子上，一半放在餐桌上。法国人的餐桌上，酒水贵于菜肴，正式宴会则"交谈重于一切"。

（三）德国

1. 德国概况

德意志联邦共和国简称德国，位于中欧西部，北临北海和波罗的海，面积35.7万平方千米，国语为德语，首都柏林。勃兰登堡门是柏林的象征，还有奥林匹克体育场、波茨坦广场及德意志帝国的一些著名建筑等。全国主要城市有波恩、汉堡、慕尼黑、埃森、科隆、法兰克福、莱比锡、德累斯顿。国歌为《德意志之歌》。德国是发达的资本主义国家，工业产值居世界第四位；对外贸易十分发达，在世界贸易出口总额中居第二位；在世界上，德国有"经济巨人""欧洲心脏""出口大国""运河大国"等美称。旅游业十分发达，有不少吸引游客的文物古迹和旅游设施，德国人民生活水平颇高，有薪假期长，公民普遍爱出国旅游。

2. 习俗

（1）礼貌礼节

德国人遵纪守法、讲究信誉，时间观念强。出席社交场合、从事商务活动都准时赴约；交谈时珍惜时间，直奔主题。德国人热情坦直、待人诚恳，注重感情，乐于助人。

德国人在人际交往中重视礼节，社交场合见面或道别采用握手礼，亲朋好友行拥抱礼，上了年纪的德国人习惯于脱帽致意，乐于在打招呼时称对方头衔，不喜欢直呼其名，应邀做客应带上鲜花作为礼物。主人热情待客，请你喝酒，喝得爽快，主人会很高兴，宴席上男子坐女士和地位高的人左侧，女士离开和返回餐桌时，男子会起立致意表礼貌。

（2）服饰

德国人着装打扮的总体风格是庄重、朴素、整洁，不喜欢穿过分鲜艳花哨的服装。德国人日常着装趋向自然、大方，较为简朴，喜欢穿宽松的休闲装，男士爱穿西装、夹克，女士爱穿翻领长衫和色彩图案淡雅的长裙，化淡妆，对发型较为重视，男士不剃光头，少女多为短发或披肩发，烫发的大多是已婚女士。

正式场合，穿戴整齐，衣着一般为深色，男士穿三件套西装，打领带；女士穿过膝套裙或连衣裙，均注意穿深色鞋袜与之搭配。

（3）饮食

德国人早餐较简单，吃面包、喝咖啡；午餐为主餐，主食为肉类、色拉、面包、蛋糕、面条、米饭等；晚餐吃夹着香肠或火腿的吐司之类的冷餐。喜吃马铃薯、牛肉、猪肉、鸡鸭及野味；不吃羊肉、鱼虾、海味和动物内脏；口味清淡，偏酸甜，不吃油腻，不宜辣。邀客至家，通常是简便的自助餐，也被视作一种特殊礼遇。因德国人家庭观念强，很讲究晚餐氛围，还爱吃各种水果，喜吃中国菜。

德国人家以嗜喝啤酒著称于世，有"啤酒王国"之称，并有"喝啤酒的礼仪"。进餐时，先喝啤酒再喝葡萄酒，反之则认为有损健康；添酒时，因啤酒杯一般很大，须将杯子倾斜对着瓶口，以免外溢；开瓶时，啤酒可放桌边地板上，这样就不会发出太大声响；一般情况下不碰杯，一旦碰杯则需一口气喝光杯中酒。德国人按场合上酒：大型宴会前喝甜葡萄酒，吃鱼、蛋、烤肉时饮红葡萄酒；吃野味则喝杯啤酒，外加干酪，离席前还可喝杯香槟酒。

3. 禁忌

德国人极度厌恶"13"或"星期五"；比较反感四个人交叉握手或在交际场合交叉谈话，交谈时不宜涉及纳粹、宗教与党派之争；忌食核桃，送礼切勿选择刀、剑、剪、餐刀和餐叉；不送蔷薇（专用于悼念活动中）、菊花；不用褐色、白色、黑色的包装纸和彩带包装礼品。

各国的文化不同，作为酒店从业人员需要在了解主要客源国的习俗和禁忌的基础上，践行中国服务。

【检测反馈】

思考：

1. 讲解一个你熟悉的欧美地区客源国饮食习俗和禁忌。

项目十二　相关安全知识

【学习目标】

1. 理解防火防盗的相关安全知识；

2. 了解食品中毒的相关安全知识；

3. 掌握相关安全常识，让游客吃得满意、住得舒心。

任务一　防火防盗知识

【任务引入】

经过两年半的在校学习，小小最后一个学期被安排到国际酒店上班，刚入职时，单位还进行了全面的入职培训，包括技能和相关专业知识，其中有一块内容培训的就是消防安全、防盗和食物中毒的知识，小小认为这些知识应该是管理层次的员工需要掌握的，而她则不需要掌握这部分内容，你们认为小小的想法正确吗？

【任务分析】

旅游的六大要素是食、住、行、游、购、娱，旅游者的整体需求是行得安全、住得舒坦、游得痛快、购得称心、娱而得乐。酒店作为满足客人食、住的关键场所，其生命财产安全是企业必须重视的，所以每一名员工都需要重视和掌握相关安全知识。

【知识链接】

一、火灾知识

火灾是威胁人类安全的重要灾害之一，其中大多数火灾我们还是可以预防的，在酒店里，掌握相关的安全知识对于保障客人的生命财产安全非常重要。

（一）火灾紧急情况处置

1. 火警

如遇有火情发生，必须保持冷静，按下列方法处理。

（1）立即使用店内通信设备向保卫部报告发生火情的确切位置，由保卫部确认火情后向 119 报警。

（2）在报警的同时，利用现有灭火设备立即实施扑救。

（3）若火情会导致人员伤亡时，应立即报告保卫部并协助和指导宾客撤离现场。人员撤离时只可利用楼梯及防火通道，切勿使用电梯。

（4）关闭失火区域内所有门窗。

2. 电梯故障

（1）如发现有人被困于电梯内，应立即报告工程部。

（2）如有意外事故发生，应立即报告保卫部，并保护现场，禁止无关人员接近。

（二）消防常识

1. 酒店防火工作的重要性

它是由酒店的建筑结构决定的。高层建筑的酒店火灾有如下特点。

（1）火势蔓延速度快。高层酒店内有许多楼梯间、电梯管道间、排气道、管道竖井等，管道烟囱效应十分明显，形成抽拔力，加速火势的蔓延。

（2）有些酒店在建筑设计时，防火规范还不够完善，酒店装修大量使用可燃材料，又没有经过防火阻燃处理，一旦发生火灾，很容易造成大面积的燃烧。

（3）人员疏散困难。住店客人一般都是临时住店，不熟悉酒店内的安全通道及平面布局，一旦发生火灾，找不到安全出口。

（4）火势扑救和人员救助困难。目前我国消防队的灭火云梯车高程为 60 米，因此，对一些超高的建筑无法进行外部扑救。

鉴于上述情况，高层酒店的防火工作必须立足我们内部的自防自救。

2. 酒店发生火灾的主要原因

（1）违反规定吸烟及吸烟不慎引起火灾；

（2）电器设备引起火灾；

（3）用火不慎引起火灾。

3. 酒店发生火灾的处理方式

（1）小火自救；（2）大火报警；（3）疏散客人。

无论在任何时候，酒店一旦发生火灾，每名员工都有责任报警。要保持冷静，在尽可能先利用身边的灭火器材扑救的情况下，就近打电话通知电话总机，或启用离你最近的报警器，讲清自己的姓名、部门、起火的确切位置，起火物及火势大小，在保证自身安全的前提下坚守在现场，以便引导酒店消防人员到场确认并进行扑被，对火势较小、未危及客人生命的火灾，切勿高喊"着火了"。

4. 如何预防火灾的发生

（1）酒店每名员工必须了解掌握一些基本的消防知识，按照有关安全防火规章制度办事，不违章作业，不乱扔烟头，积极预防火灾的发生。

（2）建立健全各岗位的防火安全岗位责任制度，实行目标管理，逐级落实，做到防火安全与经营管理并重。

（3）在员工中开展群众性防火安全教育，提高员工的消防安全意识，并定期进行防火知识和灭火技术训练。

（4）酒店不定期进行经常性的防火安全检查，及时制止纠正违章行为，消灭火险隐患。

（5）完善消防设施、设备，定期进行检测、更换，保证使用性能。

（6）建立防火组织——义务消防队，定期组织灭火演习。

（7）对外出租场所应与承租人签订防火责任书，明确规定各自的防火责任。

二、防盗知识

在酒店内发现任何被遗忘的财物，无论价值大小、数量多少，必须迅速上交，经大堂值班经理和保卫部警卫人员确认后进行登记。在营业区域内捡拾的遗失物品交大堂经理处理，在客房区域内捡到客人的遗失物品，如为一般物品交客房中心，客房中心收到物品应电话通知大堂经理备案；如为贵重物品则需要客房中心通知大堂值班经理和保卫部警卫人员到现场并确认后进行登记。逾期未领，按相关规定保存处理。

【检测反馈】

思考：

1. 制定酒店防火规章制度。

2. 说说防盗常识。

任务二 食物中毒知识

【任务引入】

某年某月 12 日 7：00—10：00，某市国光豪生酒店的住店客人在西餐厅用餐，进食食物为酒店提供的自助早餐，有蛋炒饭、面包、点心、凉菜、热菜、水果、饮料等近 200 种食物。首发病人最早发病时间为 12 日 12：20，随后陆续出现发热、呕吐、腹痛、腹泻的患者。累计收治病人 141 人，其中住院病人 131 人。截至当日 18：00，所有患者已康复出院，无重症及死亡病例。

【任务分析】

在餐饮行业，由于个别环节个别人员的疏忽大意，造成食物中毒的事件偶有发生，民以食为天，而作为酒店服务行业的从业人员，必须有很强的职业道德和责任心，让顾客吃得安全，所以了解相关食品中毒的知识也成为服务从业员应该必须掌握的又一项专业知识。

【知识链接】

一、什么是食物中毒

食物中毒，指食用了被有毒有害物质污染的食品或者食用了含有毒有害物质的食品后出现的急性、亚急性疾病。

二、常见的食物中毒类型

（一）细菌性食物中毒：是指人们食用被细菌或细菌毒素污染的食品而引起的食物中毒。常见的有沙门氏菌食物中毒、金黄色葡萄球菌肠毒素食物中毒、副溶血性弧菌食物中毒等。

（二）化学性食物中毒：是指人们食用被有毒有害化学品污染的食品而引起的食物中毒。常见的有"瘦肉精"食物中毒、有机磷农药食物中毒、亚硝酸盐食物中毒、桐油食物中毒等。

（三）有毒动植物中毒：是指人们食用了一些含有某种有毒成分动植物而引起的食物中毒。常见的有河豚毒素中毒、高组胺鱼类中毒、四季豆中毒、豆浆中毒、发芽马铃薯中毒、毒蘑菇中毒等。

三、食物中毒的一般处理方法

因为食物中毒最重要的靶器官是胃肠道，特别是胃，所以对食物中毒的处理，首先就从胃入手，因为它是食物中毒的首先受到伤害的器官，所以让食物尽快地离开胃肠道，第一个方法就是催吐。催吐，最简单的方法就是扣喉，很多人都会有这样的体会，特别是喝了酒之后，使用扣喉的方法可以很快地出现呕吐，然后把这些食物尽快排出来。

第二个方法就是稀释，通过喝水或者是喝糖水、果汁的方法，让这些毒素得到稀释，或者促进它的排泄。因为含糖的水分当中，会产生一定的利尿作用，当毒物进入到体内之后，它会经过代谢，在有糖分的情况下，肾脏的滤过率就增高，排尿量随之增加，会促进它的排泄。

第三个方法是排便。排便的方法一般来说用得还不太多，但是如果出现了下腹部症状的症状，患者有排便的感觉，但是又无法排便，出现下腹胀的情况，这个情况下可以适当用点儿泻药。有灌肠条件的患者在医院急诊科就诊的情况下，可以采用灌肠的方法，这样会快速地促进排便，从而把这些毒素更快排出去。

四、应急处理措施

为了保障所有宾客人身安全，必须采取以下措施。

（一）采购人员把好采购关，收货人员把好验货关，仓库人员把好仓库关，厨师把好制作关。

（二）发生食物中毒时发现人的职责

1. 报告总机，讲明自己的身份、所在地点、食物中毒人员、国籍、中毒程度、症状等。

2. 报告人应就近看护中毒者，不要将病人单独留下，不挪动任何物品，保护好现场。

（三）总机值班员任务

1. 接到食物中毒通知后，要问清时间、地点、中毒人数、中毒程度、症状并记录。

2. 按下列顺序简明扼要地通知有关部门到达食物中毒现场。

医务室和食品检验室——总经理、副总经理、大堂经理、保安部——餐饮部值班经理——前厅部行李房——行政办车队。

（四）食物中毒发生后，各指定人员带下列设备和物品赶到现场。

1. 医务室人员：急救设备、药品、氧气；

2. 保安部人员：对讲机、笔录纸、手电；

3. 行李房人员：根据中毒人员携带担架；

4. 食品检查人员：食品取样器材。

（五）食物中毒发生后有关人员的职责

1. 医务室人员

携带急救器材、氧气等赶到现场，对中毒者及时诊断，采取紧急抢救措施，并按现场指挥要求，负责与急救中心联系，如中毒者需送医院时，医务室应派专人陪同前往；公安机关来店处理食物中毒时，医务人员要主动提供中毒者病理情况；在领导决定通知防疫部门来店时，医务人员负责向防疫部门介绍中毒情况和接待工作。

2. 保安部人员

立即赶到现场，划定警戒线，禁止无关人员进入和围观；协助医务人员抢救中毒者，做好对发现人和现场知情人的访问记录；情况严重时随中毒者前往医院，适时做好对中毒者访问记录，同时查明中毒者身份，国籍；酒店领导决定通知公安局，保安部负责与公安局联系并做好接待工作；如中毒者不幸死亡，应安排警卫保护好现场，进行初步调查，如系投毒应立即控制嫌疑人，开展侦查工作。

3. 总经理、副总经理

听取各部门情况报告，对各部门工作予以协调，统一下达命令；对应急措施予以决策，通知有关部门做好善后工作。

4. 总值班经理、大堂经理

发布对中毒现场及抢救工作的一切指令；向客人进行解释，稳定客人情绪；必要时立即通知中毒者的旅游团或家属。

5. 行李房人员

立即取轮椅准备进行抢救；按店领导或部门的指令到达现场，用轮椅运送食物中毒者。

6. 行政办车队人员

准备好抢救中毒者和调查办案人员专车；一名人员在现场随时准备接受店领导指示。

（六）重要领导、贵宾预防食物中毒的措施

1. 采取专人采购、专人验货、专人管理；

2. 专人进行制作烹制；

3. 专人进行上桌；

4. 食品检验人员保留样品 8 小时。

【检测反馈】

情景演练：

1. 学生针对一桌客人因食用豆浆而导致食物中毒的处理演练。

参考文献

［1］陈修仪．餐饮服务［M］．北京：高等教育出版社，2006.

［2］陈莹．客房服务与管理：第二版［M］．北京：高等教育出版社，2022.

［3］汝勇键．客房服务员（中级）：第2版［M］．北京：中国劳动社会保障出版社，2011.

［4］吴梅．前厅服务与管理：第二版［M］．北京：高等教育出版社，2006.

［5］胡蔚丽．前厅服务实训教程［M］．北京：科学出版社，2007.

［6］黄志刚．前厅服务与管理：第2版［M］．北京：北京大学出版社，2015.

［7］郭伟．餐厅服务［M］．北京：中央广播电视大学出版社，2010.

［8］腾宝红．点菜员岗位作业手册［M］．北京：人民邮电出版社，2008.

［9］童霞．中餐服务技能实训［M］．北京：机械工业出版社，2012.

［10］宋晓玲．饭店服务常见案例570则［M］．北京：中国旅游出版社，2001.

［11］魏洁文，许鸽文．酒店服务实训教程［M］．北京：中国旅游出版社，2010.

［12］徐文苑，严金明．饭店前厅管理与服务［M］．北京：清华大学出版社，北京交通大学出版社，2004.

［13］刘俊敏．酒店餐饮部精细化管理与服务规范：第2版［M］．北京：人民邮电出版社，2011.

［14］姜文宏，刘颖．前厅客房服务技能综合实训［M］．北京：高等教育出版社，2004.

［15］汝勇健．客房服务与管理［M］．南京：东南大学出版社，2007．

［16］毛江海．前厅服务与管理［M］．南京：东南大学出版社，2007．

［17］田芙蓉．酒水服务与酒吧管理［M］．昆明：云南大学出版社，2004．

［18］郝瑞敏．酒店酒吧服务员精细化操作手册［M］．北京：人民邮电出版社，2013．

［19］浙江省教育厅职成教教研室．中餐服务［M］．北京：高等教育出版社：2010．

［20］马开良，叶伯平，葛焱．酒店餐饮管理［M］．北京：清华大学出版社，2013．

［21］韩军．饭店前厅运行与管理：第2版［M］．北京：清华大学出版社，2014．

［22］旅游酒店星级的划分与评定释义编写组．旅游酒店星级的划分与评定释义［M］．北京：中国旅游出版社，2010．

［23］腾宝红．中餐服务员岗位作业手册［M］．北京：人民邮电出版社，2008．

［24］腾宝红．如何做好餐饮服务员［M］．广州：广东经济出版社，2012．

［25］汪京强，蔡加珍．旅游饭店中西餐饮服务［M］．福州：福建人民出版社，2009．

［26］汪珊珊．西餐与服务［M］．北京：清华大学出版社，2011．

［27］刘士军，鲁凯麟．旅游饭店星级的划分与评定：条款解析与操作实务［M］．北京：中国旅游出版社，2013．

［28］浙江省教育厅职成教教研室．旅游文化［M］．北京：高等教育出版社，2009．

［29］国家民委民族问题五种丛书编辑委员会，中国少数民族编写组．中国少数民族［M］．北京：人民出版社，1981．

［30］李德洙．中国少数民族文化史［M］．沈阳：辽宁人民出版社，1994．

［31］陶立璠．民俗学概论［M］．北京：中央民族学院出版社，1987．

［32］巴兆祥．中国民俗旅游［M］．福州：福建人民出版社，1999．

［33］王明煊，胡定鹏．中国旅游文化［M］．杭州：浙江大学出版社，1998．

［34］中国大百科全书总编辑委员会民族编辑委员会．中国大百科全书（民族卷）［M］．北京：中国大百科全书出版社，1986．

［35］中国大百科全书总编辑委员会宗教编辑委员会．中国大百科全书（宗教卷）［M］．北京：中国大百科全书出版社，1988．

［36］顾章义．世界民族风俗与传统文化［M］．北京：民族出版社，1989．

［37］孙淑华，张瑜．中国周边国风情录［M］．北京：气象出版社，2003．

［38］赵锦元．世界风俗大观［M］．上海：上海文艺出版社，1989．

［39］邓永进，薛群慧，赵伯乐．民俗风情旅游［M］．昆明：云南大学出版社，1997．

［40］叶大兵，乌丙安．中国风俗词典［M］．上海：上海辞书出版社，1990．

［41］李毅夫，赵锦元．世界民族常识［M］．北京：中国青年出版社，1988．

［42］赵锦元，戴佩丽．世界民族通览［M］．北京：中央民族大学出版社，2000．

［43］游明谦．中外民俗［M］．郑州：郑州大学出版社，2002．

［44］吴忠军．中外民俗［M］．大连：东北财经大学出版社，2001．

［45］卓陈健．前厅服务［M］．北京：中国人民大学出版社，2014．

［46］花立明，张艳平．前厅客房部运行与管理［M］．北京：北京大学出版社，2014．

［47］平文英，翟玮．前厅服务实务实训指导手册［M］．北京：经济管理出版社，2014

［48］肖立．前厅服务基本技能［M］．北京：中国劳动社会保障出版社，2014．

［49］侣海岩．饭店前厅标准操作程序即查即用手册［M］．北京：旅游教育出版社，2010．

［50］郭一新．酒店前厅客房服务与管理实务教程［M］．武汉：华中科

技大学出版社，2010.

[51] 姜倩. 酒店前厅部高效管理 [M]. 北京：旅游教育出版社，2008.

[52] 凌一，马飞鹏. 酒店业规范服务图解手册 [M]. 深圳：海天出版社，2007.

[53] 吴军卫. 饭店前厅管理：第 2 版 [M]. 北京：旅游教育出版社，2008.

[54] 曹艳芬. 酒店前厅服务与管理 [M]. 天津：天津大学出版社，2011.

[55] 胡剑虹. 酒店前厅客房服务与管理 [M]. 北京：科学出版社，2006.

[56] 王玉. 前厅部实训教程 [M]. 西安：西安交通大学出版社，2011.

[57] 于水华，谌文. 酒店前厅与客房管理 [M]. 北京：旅游教育出版社，2011.

[58] 滕宝红，李建华. 酒店前厅服务员技能手册 [M]. 北京：人民邮电出版社，2009.

[59] 袁照烈. 酒店前厅部精细化管理与服务规范 [M]. 北京：人民邮电出版社，2009.

[60] 费寅. 前厅客房服务与管理 [M]. 北京：中国财经出版社，2008.

[61] 徐文苑，严金明. 酒店前厅管理与服务 [M]. 北京：清华大学出版社，北方交通大学出版社，2004.

[62] 沈蓓芬，林红梅. 前厅客房运作实务 [M]. 北京：电子工业出版社，2010.

[63] 何丽芳，隋海燕. 酒店礼仪 [M]. 广州：广东经济出版社，2010.

[64] 金正昆. 服务礼仪教程 [M]. 北京：中国人民大学出版社，2010

[65] 章洁. 新编现代酒店（饭店）礼仪礼貌服务标准 [M]. 北京：蓝天出版社，2004.

[66] 范运铭. 客房服务与管理案例选析：第 2 版 [M]. 北京：旅游教育出版社，2005.

[67] 支海成. 客房服务员（中级） [M]. 北京：中国劳动社会保障出版社，2002.

[68] 支海成. 客房部运行与管理：第 2 版 [M]. 北京：旅游教育出版

社，2003.

　　[69] 张延. 酒店个性化服务与管理［M］. 北京：旅游教育出版社，2008.

　　[70] 刘伟. 现代饭店前厅运营与管理［M］. 北京：中国旅游出版社，2009.

后 记

    《酒店综合实务》是中等职业学校酒店管理专业关于餐饮服务、客房服务、前厅服务所需的综合实务呈现，是基于酒店管理专业主要对客的三大部门从业人员应掌握的技能为出发点进行内容编排，对于广大专业人员、在校学生、教师也是很有参考价值的读物。

    作为专业课程之一，本书结合全国职业院校技能比赛酒店项目规程进行内容编排，以任务为引领，明确学习目标，引入工作任务，进行任务分析，通过学习相关内容并结合考核内容进行评价。本书餐饮服务技能依据服务流程为主线，对于岗位认知、素质要求、礼仪知识、操作技能、服务程序这几个方面，联系工作实际，对所涉及的技能进行简明扼要、清晰易懂的阐述，具有较强的实训性和针对性，突出做中学、做中教，达到"以赛促学、以赛促教、以赛促练"的目的。

    本书在编写过程中参考了不少有关餐饮、前厅、客房、礼仪、酒店等相关专业教材，在此一并表示感谢。

编者

2023 年 2 月